工程兵对抗训练论

主 编 周 通 崔春之 唐 亮

国防工业出版社

·北京·

内 容 简 介

本书在阐释工程兵对抗训练的本质特征、基本规律、指导理念和组织要点的基础上,着重围绕工程兵对抗训练课题的设计、环境条件的建设等方面展开研究,并通过对工程兵对抗训练典型案例的分析为破解对抗训练发展中的难题提供对策性思路。

本书主要为对抗训练组织实施者和相关院校教育教学工作者提供帮助和参考。

图书在版编目(CIP)数据

工程兵对抗训练论/周通,崔春之,唐亮主编 . —北京:国防工业出版社,2020.8
ISBN 978-7-118-12161-2

Ⅰ. ①工… Ⅱ. ①周… ②崔… ③唐… Ⅲ. ①工程兵-对抗性训练 Ⅳ. ①E151

中国版本图书馆 CIP 数据核字(2020)第 169538 号

※

国防工业出版社出版发行

(北京市海淀区紫竹院南路 23 号 邮政编码 100048)
天津嘉恒印务有限公司印刷
新华书店经售

*

开本 710×1000 1/16 印张 7¼ 字数 82 千字
2020 年 8 月第 1 版第 1 次印刷 印数 1—1500 册 定价 48.00 元

(本书如有印装错误,我社负责调换)

国防书店:(010)88540777 书店传真:(010)88540776
发行业务:(010)88540717 发行传真:(010)88540762

《工程兵对抗训练论》
编 委 会

主　编　周　通　崔春之　唐　亮
副主编　孙福根　陈忠贵　房永智　王朝旭
参　编　杨圩生　赵利军　闫媛媛　田乙君　李晓峰
　　　　丁　奕　杨　敏　赵科学　董　锋

序　言

党的十八大以来，习主席就提高军事训练的实战化水平做出了一系列重要指示，军委和军委机关先后颁发了《关于提高军事训练实战化水平的意见》《加强训练作风建设的十六条措施》《关于进一步加强训风演风考风监督执纪问责工作的意见》《加强实战化军事训练暂行规定》等文件，全军院校、部队掀起了开展实战化训练理论研究与实践探索的热潮。

当前，对抗训练已成为实战化军事训练的主要方式，工程兵院校、部队必须不断把对抗训练引向深入，进一步提高兵种实战化训练水平。

《工程兵对抗训练论》坚持以新时代军事战略方针为统揽，以军事斗争准备为龙头，着力强化工程兵实战化训练理念，积极探究工程兵对抗训练理论，加强了工程兵对抗训练课题和实例研析。据此，本书对工程兵对抗训练理论进行了比较系统的阐述，对对抗训练基本规律进行了总结，并梳理了外军对抗训练的相关经验做法，在此基础上探究了推进工程兵对抗训练的对策思路。

编　者
二〇一九年五月三十日

目　录

第一章　切实厘清工程兵对抗
训练本质特征

本章研究思路：首先，按照我军对抗训练深入发展的新形势新要求，重新认识对抗训练的内涵和外延；其次，着眼工程兵专业技术保障兵种的属性和队属工兵作战行动的特点，寻求工程兵对抗训练的特殊性；最后，得出工程兵对抗训练的内涵及外延。

一、"对抗训练"的基本涵义

要从一般意义上研究对抗训练，首先要探讨一下对抗训练的基本概念。关于"对抗训练"，有一个内涵逐渐丰富、外延逐步拓展的认识深化过程。

对抗训练的形式。20 世纪八九十年代，人们大多认同美军关于红蓝对抗与红红对抗两种对抗形式的利弊分析，以红蓝对抗为基础给出对抗训练的一般定义，并且突出强调战役战术层次的成建制部（分）队之间的对抗训练。有同志提出"对抗双方必须互为假设敌，只有一方演练红军，另一方模拟蓝军的红蓝对抗才称为本来意义上的对抗训练。对抗训练是对作战的模拟，只有在敌对双方之间才构成交战、反制的对抗关系，而在红红之间只能是协同、支援和竞赛的关系。因此，对抗训练应着眼在红蓝之间开展。"这种观点，将对抗训练仅限定于红蓝对抗的形式，并排斥红红对抗，在认识上是较为狭窄的。在训练实践中，由于组建蓝军分队受到诸多条件的制约，上述观点无形中束缚了人们训练改革的思路，限制了对抗训练的普遍开展。随着对抗训练实践的深入发展，人们关于对抗训练的认识在逐步深化。1997年有专家将合同战术对抗训练，按性质划分为辅助形式红红对抗和基本形式红蓝对抗两种。这种观点，实际上是把红蓝对抗、红红对抗都纳入了对抗训练的范畴。2008年又有学者提出："红红对抗、红蓝对抗、虚拟仿真对抗是对抗训练的三种基本形式，也是对抗训练通向实战的三级台阶。当前情况下，部队开展对抗训练普遍采用红红对抗形式。为真正树立对抗敌手、营造近似实战的战场环境，必须尽快由红红对抗向红蓝对抗、虚拟仿真对抗转进，增强官兵的实战意识，提高部队在未来战场上的制胜率"，这种观点既肯定了红红对抗的现实存在价值，又强调由红红对抗向红蓝对抗、虚拟仿真对抗转进的必要性，对推动对抗训练普遍开展具有较强的现实指导意义。

对抗训练的本质内涵。有学者认为："对抗训练是指两个部（分）队或指挥机构互为想定敌方，选择相互制约的训练课题和内容，按照各自的编制装备和作战理论，构成红蓝两军交战和反制条件，在上级导演机构的组织协调下，以模拟实战过程的方式所进行的战术作业或演习。"这个定义，明确了对抗训练的四要素：两个相互独立的对抗实体，相互制约的训练课题和内容，统一的导调机构，模拟交战的训练方式。这里，要认识对抗与竞赛的区别，有些训练课目属于竞赛，有些训练课目属于对抗，判断的标准是两个对抗实体和课目是否存在互为条件、相互制约的关系。以竞技体育为例：田径、游泳等运动项目，由于各个运动员之间不存在互为条件、相互制约的关系，只能是竞赛，而不是对抗；而球类、棋类运动项目，双方运动员则存在相互制约的关系，竞赛态势是随机生成、互为条件、互为因果的就属于对抗。但是，该定义将对抗训练仅限定于战术演习层次和红蓝对抗形式，其适用范围较窄，尤其不能适用于专业技术保障兵种的对抗训练活动。也有同志认为："对抗训练就是以交战方式进行的模拟训练。具体地说，对抗训练是两个单位或部（分）队，在上级的统一组织下，实施互为假设敌方、互为条件的模拟交战，从而完成预定的战役战术课题的训练方法。"这个定义，实际上拓展了对抗训练的形式，认为两个对抗实体只要互为对手、互为条件、相互制约，就可以开展对抗训练，比较符合全军对抗训练深入发展的新形势。近年来，以战役战术对抗为牵引，单一兵种内的对抗训练日益受到重视。

关于专业技术对抗训练问题。在技术训练层面能否开展对抗训练，人们的认识尚不统一。专业技术对抗与专业战术对抗是相互支撑、密切相关的，但训练目的有所不同，仍可以区分开来。以刺杀训练课目为例：关于单个人员刺杀基本动作要领的训练，属于技术训练；关于建制单位刺杀实战运用训练，例如，如何避实击虚，如何夺占先机，如何相互掩护、相互配合，属于战术训练。因此，在单个人员训练、共同课目训练和专业战术训练中，都存在技术训练和战术训练的问题，也都能找到存在着相互制约关系、能够开展对抗训练的课题和内容。所谓技术训练，是对军人进行的以技术装备的理论知识、操作使用、管理维修技能等为主要内容的训练，是实现人与武器装备结合的基本途径和方法。与专业战术对抗训练相比，专业技术对抗训练的两个对抗实体，虽然不能采取全要素模拟交战的方式，但仍可设置一定的战场背景，并相互制约地设置技术训练课题，互为条件地设置作业情况，在作业时限和质量评判等方面，互为对手地开展竞争制约性的技术训练，从而促进人与武器装备的有机结合，并实现个人、班组专业技能向整体作战能力的转化。因此，普及专业技术对抗训练是提高部队战斗力的重要途径。

实际上，1997 年版《军语》中给出的定义仍较为准确，对抗训练是指"两个以上的单位或人员互为对手进行的训练。如射击训练中，3 个步兵班在相同条件下同时对规定的目标进行实弹射击比赛；战术训练中，两个排分别充当攻、防一方进行训练等。"这个定义的外延最为宽泛。据此，笔者认为，所谓对抗训练，是两个对抗实体互为对手进行的竞争制约性训练。对抗训练有广义、狭义之分。广义的对抗训练，是指相互独立的两个对抗实体，互为对手、互为条件，围绕构成制约关系的训练课题和内容，采取红蓝对抗、红红对抗等形式，在上级统一组织下，按照规定的对抗规则和评判标准，在共同训练、技术训练、战术训练等阶段和分队训练、部队训练、首长机关训练等层面所进行的实战化训练活动。狭义的对抗训练，特指以红蓝对抗的形式，围绕攻防作战课题，按照红军、蓝军各自的编制装备和作战理论，在统一的导调机构组织下，以模拟交战方式进行的战役战术训练活动。为了推动对抗训练的深入发展，一般应采用广义的对抗训练概念。

应从以下五个方面把握对抗训练的内涵和外延：

第一，受训对象。对抗训练的受训对象，主要指两个对抗实体的所属官兵。其中，每一个对抗实体的兵力构成，应根据对抗训练课题的性质和内容不同而有所变化，联合作战对抗训练的每一个对抗实体，一般由相关军兵种部队组成；合同作战对抗训练的每一个对抗实体，主要由军种内相关兵种部队组成；兵种对抗训练中的每一个对抗实体，主要由专业部（分）队或单个人员组成。此外，对抗训练的导调机构所属人员既是组训者，也是受训对象，在对抗训练的准备阶段，应组织他们学习对抗训练相关知识和对抗规则，并开展模拟训练，提高其导调、裁决能力。

第二，训练课题和内容。对抗训练的课题和内容，通常分为单课题、多课题和综合课题三种。其中，战役战术对抗训练多为多课题和综合课题，技术对抗训练通常为单课题，可由两个构成矛盾关系的技术训练课目组成，如侦察与反侦察、设障与破障等。选择对抗训练课题和内容时，应着眼于能否形成相互竞争制约的矛盾问题、对抗过程能否构成明显的矛盾冲突、对抗双方能否形成激烈抗争，应着眼于两个训练实体之间的整体性对抗。

第三，对抗训练的基本特征。对抗训练的基本特征可概括为：对抗双方互为对手、互为条件，生成既相互竞争又相互制约的对抗态势和对抗过程。互为对手，也就是两个对抗主体互为假想敌，可以促使对抗过程中不断生成矛盾焦点；互为条件，也就是运用前次对抗结果随机生成下次对抗态势，而这种态势是瞬息万变，有利于克服单方战术训练搞"摆练"的现象；相互竞争制约的对抗态势和过程，也就是对抗双方取胜概率相对均衡，胜负未定，由此激活对抗双方的竞争意识和求胜心理，激励对抗双方斗智斗勇，并以调控手段打破对抗僵局。

第四，对抗训练的导调机构。对抗训练的导调机构，通常由两个对抗实体的上一至两级牵头成立，其编成通常根据对抗训练的规模和方式方法灵活确定，一般包括导演、副导演和导演部。导演部通常下设指挥组织、调理组织、评判组织和保障组织等。导调机构主要负责对抗训练的整体筹划工作，对抗过程的导、调、裁、评工作以及相关保障工作等。

第五，对抗训练的形式和种类。对抗训练，通常包含红蓝和红红两种对抗形式。红蓝对抗，是对抗的一方按照我军的编制装备和作战原则展开对抗行动，而对抗的另一方最大限度地模拟作战对手的编制和武器装备，并按照敌方作战原则、行动特点展开对抗行动，这种对抗形式的实战化程度最高，但由于受到蓝军分队规模通常偏小、蓝军装备模拟程度较低、蓝军作战思想原则难以充分体现等诸多条件的制约，不便在各部队普遍开展；红红对抗，是指对抗双方均按照我军的编制装备和作战原则展开对抗行动，这种对抗形式虽然缺乏具体作战对手的模拟，实战化程度较低，但有利于依托现有条件，成师、团建制大规模地开展对抗训练活动。这可从 2007 年原南京军区组织的某演习中，两个建制师依托训练基地，以红红对抗形式开展自主对抗训练活动得到印证。对抗训练的种类，按训练内容分，有技术对抗和战役战术对抗；按训练对象分，有首长机关对抗和实兵对抗；按方式分，有对抗作业和对抗演习；按训练手段分，有兵棋对抗、计算机模拟对抗、携带通信（指挥）工具对抗、实兵激光电子模拟对抗；按兵种构成分，有单一兵种内的兵种对抗和合成部队间的合同（联合）对抗。

二、工程兵对抗训练的特殊性

工程兵对抗训练的特殊性，源于工程兵作战行动的基本特征。工程兵是遂行作战工程保障任务和以工程手段遂行战斗任务的技术保障兵种，在作战中，主要通过实施爆破、架桥、构筑指挥所、目标伪装等工程作业，遂行三大作战任务：一是保障我军隐蔽安全和指挥稳定；二是保障我军快速机动；三是阻滞和破坏敌方机动，并以工程手段直接歼灭敌有生力量和摧毁其武器装备。

与陆军的步兵、装甲兵、炮兵等主战兵种相比，工程兵的作战行动具有以下基本特征：

一是作战行动的间接对抗性。首先，从作战目的看，工程兵的作战行动目的与主战兵种作战行动的目的有所不同。战时，在敌我双方整个作战体系的对抗中，工程兵的作战目的是保障我军实施机动，保障我军隐蔽安全和指挥稳定，迟滞敌军机动，作战行动往往围绕军事工程设施的破坏与反破坏、行军的机动与反机动、重要目标的伪装与侦察等展开激烈对抗；而主战兵种的作战目的是有效摄止和打破敌战役战术行动企图，作战行动往往围绕敌我武器装备的摧毁与反摧毁，有生力量的歼灭与反歼灭，作战指挥信息系统的干扰与反干扰，作战意志的威慑与反威慑等与敌展开激烈对抗。由此可以看出，工程兵作战行动的成效如何，只有通过被保障兵种的行动才能得到检验和间接的体现。因此，与我主战兵种的摧毁与反摧毁、歼灭与反歼灭、干扰与反干扰、威慑与反威慑等作战行动相比，工程兵的作战行动具有间接的对抗性。其次，工程兵不是通过火力摧毁与敌展开直接对抗，而是运用工程伪装、工程构筑等技术手段，采取隐蔽、欺骗、保障机动等方式，与敌方展开技术对抗，因而，工程兵作战行动的对抗性，往往通过技术对抗的形式间接地体现出来。再次，工程兵作战行动的对抗性，往往通过营造战场态势间接地体现出来。例如，战场工程伪装、工程防护及定点渡河保障等，可与敌空中侦察、火力打击形成预先对抗态势；伴随保障中的布雷行动等，可与敌战场机动构成预先对抗态势。最后，我军工程兵一般不与敌方工程兵发生直接对抗关系，而是在与敌方整体作战力量的直接对抗中，间接与敌方的工程技术措施展开对抗。这与主战兵种的直接对抗有明显的不同，步兵、装甲兵、炮兵往往可以通过火力打击，与敌方的对应力量发生直接对抗。

二是作战行动的多层配属性。集团军所属工程兵部（分）

队，是军、师、团指挥机构的直属分队，其任务主要是保障各级指挥机构隐蔽安全和指挥稳定，同时保障步兵、装甲兵、炮兵等主战兵种参战力量的机动、防护和伪装，只能作为工程保障的技术骨干力量与相关兵种部队密切配合行动。战时，虽然各个兵种部队也可通过有限的、局部的自我保障，达到自我防护和快速机动的目的，但是，保障我军指挥体系稳定、作战部队大规模机动、有效阻滞敌军机动等任务，必须依靠工程兵专业部（分）队，通过实施爆破、架桥、伪装、布雷、构设筑城障碍物等行动来达成。因此，工程兵的作战行动是在合同（联合）作战大背景下进行的，工程保障力量作为保障要素的一部分，战时一般打破工程兵部队建制，按群、队编组配属于各个作战单元，有机融入到体系对抗之中。

三是作战行动的技术密集性。工程兵的作战行动，主要是遂行架设桥梁、构筑和维护道路、构筑野战指挥所、对重要军事目标实施军事伪装等工程保障任务，同时运用工程技术手段担负布设雷场、开辟通路、工程破袭等战斗任务，这些行动的技术含量较高，对工程装备器材的依赖性大，可以说工程兵战术和工程兵专业技术是密不可分的。离开了工程兵专业技术的支撑，也就没有了工程兵的作战行动。同时，这也意味着工程兵作战行动的攻击性和自身防护力较弱。由于工程兵自身的火力、机动力、防护力较弱，在配属主战兵种展开工程保障行动时，往往依赖于其他兵种的火力支援和掩护。

由工程兵作战行动的基本特征所决定，工程兵对抗训练的特殊性在于：以专业技术对抗训练为基础，专业技术对抗训练与专业战术对抗训练相互支撑，其中，专业战术对抗训练与主战兵种相比，其对抗主体具有非对应性，对抗内容具有技战术融合性，对抗态势生成具有跨兵种性；专业技术对抗训练的实战模拟程度相对较低，较之专业战术对抗训练具有对抗课目的丰富性、对抗实施的便利性和对抗背景的简约性特点。

较之于主战兵种的战术对抗训练，工程兵专业战术对抗训练的特点主要是：

第一，对抗主体的非对应性。在主战兵种的战术对抗训练中，对抗双方均以相应兵种部队为对抗主体，构成直接对抗关系。如装甲兵战术对抗训练，两个对抗实体均以装甲兵部队为主体编成，并在相关兵种专业分队的配属下，红蓝双方展开装甲兵攻防对抗行动，其对抗主体是相对应的。而工程兵的专业战术对抗训练，红军的主体是工程兵部（分）队，而蓝军的主体往往是合成（联合）作战力量，红军工程兵与蓝军工程兵通常不构成直接对抗关系，因而，工程兵专业战术对抗训练的对抗主体具有非对应性。

第二，对抗内容的技战术融合性。主战兵种的战术对抗训练，在对抗内容上主要体现为对抗双方作战筹划和具体战法的抗争，例如，通过侦察与反侦察、冲击与反冲击、穿插与反穿插、渗透与反渗透、摧毁与反摧毁，集中反映为双方指挥员的斗智斗勇和对抗实体的战斗意志和整体作战实力。与之相比，工程兵部队的专业战术对抗训练，是技术、战术训练内容高度融合的对抗，往往通过工程技术手段实现战术对抗的目的。如机动工程保障队与障碍设置队的战术对抗作业，离开了伪装与侦察、设障与破障等技术对抗作业的支撑，就变成了徒具空壳的程序化摆练。

第三，对抗态势生成的合成性。工程兵的专业战术对抗训练，离不开合同（联合）作战的大背景。例如，在机动工程保障队的行动与障碍设置队的行动对抗训练中，开辟通路时机的确定、手段的选择，是由敌情、地形和主战兵种的行动进程所决定的，不可一厢情愿地贸然行事。为了提高实战模拟程度，工程兵的专业战术对抗训练可依托跨兵种的合同（联合）对抗演习进行，借助于相关兵种部队的密切配合，巧妙地生成近似实战的战场背景和对抗态势。按新大纲的要求，在年度训练的专业战术训练期间，应在兵种内组织专业战术对抗训练。这时，依托本兵种的力量难以营造近似实战的合同（联合）作战背景，主要采取想定作业提供情况诱导的方式予以体现。这就决定了在本兵种内开展专业战术对抗训练时，必须结合专业部队自身装备及担负任务的特点，主要在合同（联合）作战想定情况诱导下，把工程兵相关对抗行动课题演真演活，真正对得起来、抗得下去。同时，也要积极创设条件，依托本兵种相关专业部（分）队的协作配合，或通过组建蓝军分队，努力营造近似实战的合同（联合）作战背景和对抗态势。

较之于工程兵专业战术对抗训练，工程兵专业技术对抗训练表现出以下特点：

第一，对抗课目的丰富性。由于工程兵部队的专业门类多、技术性强，工程兵专业技术训练课目十分丰富。这些课目，虽然在战时不存在互为条件、相互制约的关系，但反映在专业技术训练上，诸多专业技术课目之间可以找到互为条件、相互制约的关系，通过优化组合，可以构成若干组专业技术对抗课题。如埋雷与排雷、设障与破障、伪装与侦察这些技术训练课目存在着相互制约性，相对于工程兵专业战术对抗训练而言，工程兵专业技术对抗训练的课目更加丰富多样。

第二，对抗实施的便利性。所谓对抗实施的便利性，是指较多的工程兵专业技术对抗训练课题，以红红对抗的形式开展，就可较好达到训练目的的。从技术的角度讲，这是由于工程兵遂行工程保障任务，多是运用工程手段改造地形、利用地形，克服自然障碍和人工障碍。需克服的人工障碍，包括被敌破坏的道路、桥梁，或敌布设的阻绝壕、轨条砦、铁丝网、三角锥，等等；需克服的自然障碍，包括江河、沟渠，等等。从克服人为障碍物看，以抢修道路为例，不论是抢修被敌炮弹破坏的道路，还是抢修被敌航弹破坏的道路，工程兵能否完成抢修道路任务，并不主要取决于道路被敌方什么性质的武器造成了什么样的破坏，而主要取决于自身专业技术是否过硬；从克服自然障碍物看，不论是我军地域内的河流、沟渠等，还是敌军地域内的河流、沟渠等，单从工程兵专业技术运用的角度讲，两者并无实质性区别。因此，开展工程兵专业技术对抗训练，可以红红对抗的形式巩固专业技术训练效果，促进人与武器装备的有机结合，并实现个人、班组专业技能向整体作战能力的转化。

第三，对抗背景的简便性。与专业战术对抗训练相比，专业技术对抗训练的作战背景和战场态势具有简约性。专业技术对抗的作战背景，可由导调人员预先设置，战场态势的变化不大，只是为专业技术对抗训练提供一定的背景条件。这与专业战术对抗训练中，通过对抗双方的激烈较量随机生成战场态势，具有明显的不同。

三、工程兵对抗训练的内涵及外延

基于上述认识，可对工程兵对抗训练做如下界定：工程兵对抗训练的本质内涵是，两个对抗实体围绕相互制约的作战工程保障课题，在导调机构统一组织下，互为对手，互为条件，通过设置矛盾焦点展开复杂多变的对抗回合，按照规定的对抗规则和评判标准，最大限度地模拟交战状态、胜负结局难以预料的实战化训练活动。

工程兵对抗训练的外延，既包括本兵种自行组织的专业技术、专业战术对抗训练，又包括与相关兵种融为一体的战役战术对抗演习。从年度训练跨度看，工程兵对抗训练可贯穿于共同训练、技术训练、战术训练各个阶段；从训练对象看，工程兵对抗训练可涵盖单兵训练、分队训练、部队训练、首长机关训练各个层面；从训练形式看，工程兵对抗训练以红红对抗为专业技术对抗训练的主要形式，以融入合同（联合）红蓝对抗演习为牵引，逐步发展兵种内的红蓝专业战术对抗训练；从训练手段看，工程兵部（分）队通常以实兵对抗为主，首长机关通常以兵棋对抗和网上对抗为主。

第二章　准确把握对抗训练基本规律

毛泽东同志在《中国革命战争的战略问题》中指出："大家明白，不论做什么事，不懂得那件事的情形，它的性质，它和它以外的事情的关联，就不知道那件事的规律，就不知道如何去做，就不能做好那件事"（《毛泽东选集》第2版，第1卷，第111页）。

军事对抗训练作为军事训练领域的一门专门科学，也有其内在的本质属性和基本规律。我们把对抗训练作为一项系统工程来研究，就必须从对抗训练的整体性、目标性、原则性、相关性、动态性以及环境条件的适应性上认识其本质属性和内在规律。对抗训练作为军事训练领域的一种高级训练方法，它既有军事训练活动的一般规律，又有其自身存在的特殊规律。研究对抗训练，既要从军事训练的一般规律出发，又要通过对抗训练基本矛盾的分析，找出其特殊规律。目的是揭示其客观规律，把握其指导规律，遵循其行动规律，用于指导对抗训练的实践，推动对抗训练健康发展。对抗训练到底有哪些基本规律呢？概括起来有：矛盾激化规律、概率均衡规律、竞争制约规律、差异比较规律、模拟仿真规律。其中矛盾激化规律是最全面、最重要、最根本的规律，其他则是某一重要侧面的基本规律。它们相互联系、相互作用、相辅相成，决定了对抗训练的本质属性和发展方向，我们必须充分认识，深刻理解，着力把握，自觉遵循。

一、矛盾激化规律

"事物的矛盾法则，即对立统一的法则，是唯物辩证法的最根本的法则"（《毛泽东选集》第 2 版，第 1 卷，第 299 页）。对抗训练的本质在于对抗，对抗的属性就是激烈的矛盾冲突。对立统一规律是唯物辩证法的根本规律，矛盾激化规律是对抗训练的根本规律。对抗训练过程，自始至终的存在着矛盾运动，没有矛盾就没有对抗，失去一方，他方也就不存在。"它们的相互依赖，只存在于它们的相互对立之中"（《马克思恩格斯选集》第三卷，第 494 页）。敌我、攻防、进退、强弱、胜败等相互联结，又相互斗争的矛盾现象，存在于一切战争中。战争表现为一系列的矛盾冲突，攻防的变换，进退的交替，强弱的转化，最后才出现胜负的结局。对抗训练是战争景况的模拟，对抗训练的双方也和实际交战的双方一样，是统一体内一对尖锐的矛盾。要使对抗训练的双方对起来，抗下去，对得紧张，抗得激烈，对抗训练的组织指导者必须把主要注意力集中放在树立对抗训练双方的对立面及其相互作用上，充分地利用矛盾，有意地制造矛盾，着力地激化矛盾，这样才能使对抗训练双方的矛盾更加尖锐，冲突更加激烈，对立更加严重，气氛更加紧张，情况更加逼真。形成此伏彼起，愈演愈烈，丰富多彩，有声有色的生动局面。

对抗训练的客观规律是对立统一规律，对抗训练的指导规律是矛盾激化规律。那么，对抗训练的行动规律则是对立统一规律和矛盾激化规律的综合运用，必须在对抗单位、对抗课题、对抗内容、对抗评判上构成明显的矛盾冲突。"两个相互矛盾方面的共存、斗争以及融合成一个新范畴就是辩证运动的实质"（《马克思恩格斯选集》第 I 卷，第 106 页）。

（一）在对抗单位上要形成一对矛盾

对抗单位不应在上下级之间、领导与部属之间组织，而应在两个同级或不同级单位（如同级单位的这个团对那个团，或不同单位这个营对其他单位的一个连）之间进行。如果在上下级之间进行领导与部属的对抗，容易形成上级导演下级的偏向，结果往往容易出现下级服从上级的状况，即使是下级单位与上级机关组成的蓝军组织对抗，下级战败了，也往往是不在乎或不服气。只有在两个同级或不同级单位之间开展对抗，上级不偏不倚，只担任导演裁判，对抗双方的求胜心才切，荣誉感才强。两个不构成领导与被领导的单位开展对抗，既是对手，又是比赛，形成的矛盾越尖锐，对抗的效果越好。

（二）在对抗课题上共形成一对矛盾

对抗课题名称必须是双方的，不应是单方的。如"加强步兵团对野战阵地防御之敌进攻对抗演习"，这种提法就不妥，它表述的单位只是一方，不是双方，演习起来，往往偏向攻方，把守方置于陪衬地位。正确的提法应是"加强步兵团野战阵地攻防对抗演习"（指的是两个加强步兵团之间进行的红红对抗形式），或是"加强（红军）步兵团与模拟（蓝军）步兵营野战阵地攻防对抗演习"（指的是我军步兵团与敌军步兵营之间进行的红蓝对抚形式），还可以是"加强步兵团对野战阵地防御之（敌）步兵营进攻对抗演习"（不带"敌"字的为红红对抗形式，带"敌"字的为红蓝对抗形式）。综合课题的连贯对抗演习，在确定课题名称时，不能预先确定谁胜谁负。例如，双方在演练遭遇战后接着演练攻防对抗以及追击与撤离时，课题可以是摩托化步兵营遭遇战斗—防御与进攻—追击与撤离对抗演习。如在遭遇战后，预定一方攻，另一方守，一方迫，另一方撤，就等于预先就肯定一方胜另一方败，结果还会降低遭遇战的对抗水平。

（三）在对抗内容上要形成一对矛盾

对抗训练每个阶段的每个内容的确定均要形成一对矛盾。如组织战斗阶段的准备与反准备，侦察与反侦察，渗透与反渗透，袭击与反袭击；战斗实施阶段的开进与反开进（接近与拦阻），突破与反突破（破障与设障），扩张与反扩张（突击与抗击），围歼与反围歼（包围与突围）等等，凡是能构成一对尖锐矛盾的战斗行动都可以作为一个训练内容或一个对抗回合来实施对抗。

（四）在对抗裁决上要形成一对矛盾

对双方的评判不能单纯地讲评优缺点，要使双方有明显的胜负感。如经过一个或数个回合的交锋，要以简短的理由、果断的裁决，判定某方的某一行动是有效或无效、成功或失败、胜利或失利、进攻或防御、伤亡损失大或小、取得积分多或少，以造成双方的紧迫感，形成主动或被动地位，激发双方的求胜心，以至奋勇拼搏，争取胜利。

二、概率均衡规律

概率均衡规律是指对抗训练的组织者在设计交战的初始态势，必须形成对抗双方取胜概率相对均衡的客观规律。也就是说，对抗双方两个单位的军力（包括天时、地利、兵力诸多因素）应相对平衡，在作战要素的构成上呈势均力敌状态。对抗训练的组织者要努力形成这种概率均衡的初始态势，这是保持对抗双方的热情兴趣，并愿为之奋力拼搏的一条重要的客观规律。如果双方军力悬殊，一方拥有绝对优势，劣势的一方就会失去对抗信心，即便抗起来也会甘当陪衬，没有决一雌雄的吸引力，导致优势的一方感到胜利不光彩，劣势一方感到失败不丢人。对抗训练如同体育竞赛一样，只有在相对均势的条件下，才能使双方都有取胜的希望和信心，以至奋发努力去争取胜利。有时为了研练以劣胜优、以弱胜强的战法，也可在对抗双方之间有意造成一种优劣、强弱不均状态，但训练的组织者必须采取一些相应措施，使劣势、弱小一方多占天时、地利、人和诸因素的有利条件，从总体的设计上，仍应使取胜概率达到相对均衡。运用概率均衡规律，应注意把握以下三个问题：

（一）要明确地把握概率均衡规律的重要意义

在对抗训练中运用概率均衡规律，其目的在于最大限度地激发对抗双方训练的积极性，最大限度地激励双方像参加实战一样全力争取胜利的能动性，最大限度地激励双方发挥出最大军事指挥与作战的创造性。使对抗双方像即将登上拳击台的拳击手一样，共同夸口"我一定会是金腰带的获得者"，这种意境只有在对抗训练组织者科学运用概率均衡规律的基础上才可能达到。

（二）要准确地把握概率均衡规律的内涵要义

概率均衡，简单地说是让对抗双方的取胜概率相当，而实际作战行动和对抗双方的取胜概率，通常包括有主观和客观两方面条件的综合作用。我们说，坚持概率均衡规律主要是指客观条件应相对均衡，主观条件如指挥员的谋略素质、组织指挥能力、部队的训练素质等则系双方各自拥有的。对抗训练的目的在于在客观上提供相对均衡的对立条件，激励双方主观能动作用的发挥。

训练的组织者必须公开宣布：对抗双方的军力是相当的，条件是共同的，取胜概率是均衡的，谁要取得胜利，都必须经过自身的努力，才能打破均势，造成优胜劣败的形势。

（三）要精确地把握概率均衡规律的运作程度

任何条件下都没有绝对的均衡，就客观上说，影响双方取胜的概率也是多方面的。如编成大小、装备优劣、天时、地利、人和等都会影响到取胜概率，让双方在这诸多方面完全相等是难以做到的。而且由于对抗训练的形式、类型是多样的，完全做到各方面的客观条件一样也不可能，因此应把握好运用这一规律的度。正确的方法是，组织红红对抗时，因双方编制装备相同，如天时、地利条件和人和因素相当，就必须根据对抗课题性质合理确定双方编成。如以研练遭遇战为主，双方的兵力通常是相等的；以研练攻防战为主，通常进攻一方的兵力应大于防御一方的兵力，但防御的一方必须占有地形之利。有时攻防双方的兵力也可以相等，因防御一方多余的兵力可成纵深梯次配置，但攻防正面仍应大致相等。组织红蓝对抗时，则应根据不同课题的性质、不同的作战对象，以及我军战略方针、作战理论、战役战术原则，从未来作战需要出发确定双方兵力编成，在编制装备蓝优红劣时，应按战役战术原则从兵力的构成方面给红方以更多的加强和支援，让双方在客观条件的综合衡量上达到相对均衡。如果仍然达不到相对平衡，就必须声明：蓝优红劣是客观的，我们就是要通过实际对抗，研练以劣胜优的战法，把军事斗争准备的基点放在打赢战争上。激励红、蓝双方都要最大限度地发挥主观能动性，使红蓝双方能对抗出应有的效果。

三、竞争制约规律

竞争制约规律是指对抗训练的双方在交战过程中既相互竞争又相互制约的行动规律。对抗训练具有很强的竞争性和相互制约性，它是竞争机制与制约机制有机结合的统一体。对抗训练双方不仅相互竞争，而且还相互制约，没有竞争就没有活力，没有制约就没有生气。竞争性与制约性的有机结合是对抗训练的本质特征所决定的。如果只有竞争没有制约，对抗训练就会变成单纯的竞争或比赛；如果只有制约没有竞争，对抗训练则会陷入僵局或窒息。这是对抗训练双方争我高你低、制你败我胜的一条重要的行动规律。训练的组织者就在于运用这一规律，迫使参演单位和参演人员振奋拼搏的精神，激励顽强的斗志，调动潜在的能量，摆脱习惯的束缚，产生创造的灵感。竞争性和制约性是相辅相成的，在每个训练阶段，两者又相互转化，各有侧重。但两者相比，制约性占主导地位。"善战者，致人而不致于人"（《孙子·虚实篇》）。运用竞争制约规律组织对抗训练必须把握以下三点。

（一）用竞争手段来激发双方谋势、造势，争取主动地位

组织准备阶段，战斗没有打响，双方没有接触之前，对抗表现为静态竞争格局。双方都按导演的号令进入角色，理解任务，判断情况，定下决心，隐蔽企图。通过谋势、造势，争取自己的主动地位。在进行机动战的实兵对抗中，双方没有接触前的先敌开进、展开以及抢占有利地形，如电影《南征北战》中抢占摩天岭一样，就展现出动态竞争格局。竞争机制的最大功能在于激发对抗双方的集体荣誉感，激发指战员的积极性和创造性，激励对抗双方指战员力求以小的代价获取大的胜利的自觉行动。

（二）用制约手段来引发双方斗智、斗谋，改变被动局面

对抗实施阶段，双方进入交战时，对抗即表现为明显的制约状态。特别是遭遇战对抗，双方为争夺有利态势，必须突出先敌开火的制约特性，"只有大量的消灭敌人，才能有效地保存自己"。只有制止对方的行动，才能使自己的行动得到有利的发挥，改变被动局面。制约机制的最大功能在于引发对抗双方的紧迫感，鼓励对抗双方针锋相对的采取反制措施，避实就虚，趋利避害，以长击短，争取主动地位，达到战而胜之的目的。

（三）用调控手段来走活死棋、打破住局，消除胶着状态

对抗过程中，由于双方的反制措施愈演愈烈，各使绝招，用出几把"杀手锏"，不仅会出现残局，还会出现死棋或僵局。实兵对抗一旦接触，双方人员很容易胶着在一起，加上双方的调理员或地段调理员的评判意见不同，可能使对峙无法继续进行。此时，导演应及时发出脱离接触的号令，立即退出情况。统一认识后，重新调整阵容，继续进行对抗。一般情况下，导演只起宏观调控作用，不做微观的指导，即使双方行动有大的失误也任其自然，以裁决部分人员伤亡，裁定占领部分地域范围的手段控制态势的发展。调控机制的最大功能在于保证对抗继续进行，直至实现训练目的。

四、差异比较规律

差异比较规律是指组织者对参训者的对抗行动进行差异比较，作出裁决评判的指导规律。它是比较哲学关于事物发展的异

同性、可比性规律的具体运用。对抗训练必须有意营造对抗反差，再通过比较的方法形成鲜明的对照，迫使双方看到自己的差距，产生强烈的思想活动。俗话说：有比较才有鉴别，有差异才能警觉。

对抗训练尤其如此，没有反差的表象，就没有落伍的感觉。因此，通过差异对比，使对抗单位的对抗行动在时间、空间、数量、质量上，感受到鲜明的反差，从而产生强烈的思想震撼，构成有力的情感冲击。从对比所造成的一种情绪，一种势态，一种值得深思的感受中，使人的认识发生飞跃，由静止、渐进的状态跃进到运动、突变的境界中去。运用差异比较规律，必须正确处理四个关系。

（一）时间与空间的关系

"世界上除了运动着的物质，什么也没有，而运动着的物质只有在空间和时间之内才能运动"（《列宁选集》第 2 卷，第 176～177 页）。战争是在一定的空间和时间内运动的，所谓空间，是指战争波及范围的大小，进行战役战斗的地幅以及军队运动的范围，它是战争客观存在和运动的空间形式。时间是指战争的发展进程和运动速度，包括兵器杀伤、军队机动、指挥运作速度。战争在空间和时间上显示了它的广延性和连续性。它们之间既有区别又有联系，还能相互转化。对抗中，利用空间争取时间，利用时间占领空间是常有的现象。时机有利，态势主动，由弱变强，转劣为优。反之则由强变弱，转优为劣。空间与时间的不平衡性，构成对抗双方力量发展变化的差异性。这就要求对抗双方在每个回合的对抗中，多得少失，不断积累，最终才能积分最多，成为胜者。

(二) 数量与质量的关系

"胸中有'数'。这是说,对情况和问题一定要注意到它们的数量方面,要有基本的数量的分析。任何质量都表现为一定的数量,没有数量也就没有质量。我们有许多同志至今不懂得注意事物的数量方面,不懂得注意基本的统计、主要的百分比,不懂得注意决定事物质量的数量界限,一切都是胸中无数,结果就不能不犯错误"(《毛泽东选集》第2版,第4卷,第1442页)。战争力量首先表现在数量方面,"多兵之旅必获胜",这是恩格斯所肯定的拿破仑的一句名言。同时,在数量相当的情况下,质量又起决定性作用。任何事物都是数量和质量的统一体,质和量是密切联系,不可分离的。在评判裁决时,必须把数量和质量结合起来加以比较,才能得出相对合理、公正的结论。"我们还想为量转化为质找一个证人,这就是拿破仑。拿破仑描写过骑术不精但有纪律的法国骑兵和当时无疑地最善于单个格斗但没有纪律的骑兵——马木留克兵之间的战斗,他写道:'两个马木留克兵绝对能打底三个法国兵;一百个法国兵与一百个马木留克兵势均力敌,三百个法国兵大都能战胜三百个马木留克兵,而一千个法国兵则总能打败一千五百个马木留克兵。'在拿破仑看来,要使存在于密集队形和有计划行动中的纪律的力量显示出来,而且要使这种力量必然胜过马匹较好、骑术和剑术较精而人数较多的非正规骑兵,就必须有一定的最低限度的骑兵的数量"(《马克忍忍格斯选集》第3卷,第166~169页)。

(三) 偶然与必然的关系

偶然性和必然性是对立的统一,偶然性是必然性的表现形式:对事物的发展起延缓或加速的作用。必然性要通过偶然性表现出来，对事物的发展起着支配作用。如果只看到必然性，看不到偶然性，就不能正确估计和利用偶然因素。"战争是充满偶然性的领域。人类的任何活动都不像战争那样给偶然性这个不速之客留有这样广阔的活动天地，因为没有一种活动像战争这样从各方面和偶然性经常接触"（克劳塞维茨《战争论》第1卷，第84页）。对抗训练再现战争景况，随机因素时有发生，恰当地利用偶然因素作比较，可使对抗双方受到预想不到的惩罚，这是对抗训练的一个重要特点。"'如果偶然性'不起任何作用，那么世界历史就会带有非常神秘的性质"（《马充思恩格斯选集》第4卷，第393页）。

（四）训练与实战的关系

对抗训练是实战的模拟，是一种近似实战的训练方法，但它毕竟不是实战，与实战相比还是有一定的差别。有些战法和战术行动在对抗训练中可以得到严格的演算，但在实战中就无法进行。相反，有些战法和战术行动只能在实战中才能得到检验，而在对抗训练中则显示不出来。因此，在总结讲评时就要郑重声明，对抗演习的胜负只是相对的，不是绝对的，只是暂时的，不是长久的，只是一般的，不是特殊的。一句话：只是训练的结果，不是实战的结果。至此，对抗双方指战员的精神将得到彻底的解脱，思想将得到完全的醒悟。

五、模拟仿真规律

模拟仿真规律，是指在对抗训练中，从实战需要出发，采取一切模仿手段，创造一种实战环境和条件，以增强实战感的行为规律。古代希腊德漠克利特·亚里士多德最早提出了一种文学艺术起源的模仿学说。他认为：文学艺术来自对自然界和社会生活的模仿，而模仿又是人类固有的本能。人在掌握语言和各种技能的过程中，以及艺术习作的最初阶段，都要借助于模仿。这在客观上肯定了文学艺术是社会生活的反映。军事对抗训练是战役战斗的模拟训练，其本身就是模拟仿真学说的运用。军事对抗演习在某种意义上说，犹如演戏，必须充分运用模拟仿真手段，最大限度地创造一种近似实战的环境和条件，使参训人员尽可能地听到（如闻其声）、看到（如见其人）、感受到（如临其境）敌对双方实战的效果。运用模拟仿真规律于对抗训练中，必须着力解决"像"的问题。

（一）搞好场地设置，使对抗场地像战场

对抗训练必须结合作战任务，在与实战相似的地形上进行，并力求按敌军作战特点，构筑和设置与敌军相似的阵地、工事、障碍体系，力求使对抗双方有置身于战场交战的感受。组织对抗一般利用预设的战术训练场地进行，因各种设施比较齐全，只需要临时稍加整修设置，能减少许多工程作业量。利用生疏地形进行场地设置，可以预先制作一些移动式的模拟器材，如模拟坦克、模拟地堡、模拟炸药、模拟三角锥、模拟铁丝网、模拟地雷场等，训完即可撤收。

（二）组织红蓝对抗，使模拟蓝军像敌军

模拟蓝军部（分）队必须进行专门训练，不但要进行某些装备的模拟改装，服装形象的模拟化装，而且更重要的是必须熟悉敌军作战原则、战术手段和军事术语，充分体现敌军的作战特点和战法运用规律。模拟蓝军必须是红军的强硬对手，决不允许是一冲即垮、一打就降的"豆腐军"，确实把模拟蓝军部（分）队

培养成轮训红军的"磨刀石"。

（三）改进模拟器材，使对抗演练像实战

目前部队使用的对抗训练的模拟交战器材数量少、质量差，尤其是激光交战模拟器，品种单一且故障率高。因此，大力研制和改进模拟交战装备和情况显示器材显得十分迫切。目前部队自制的一些模拟器材尽管能达到一定的直观效果，但仍不能满足对抗训练发展的需要。因此，走"三结合"的道路，使科研单位、器材工厂和作战部队横向挂钩，使模拟器材的科研、生产、使用、改进上形成一条龙，得到健康的发展，是今后一个时期我军亟待解决的问题。

第三章　积极借鉴外军对抗训练经验

近年来，美俄两国军队的军事演习进入了一个高峰期，对抗训练被推上了一个制高点。进一步研究两个军事强国的对抗训练特点，对于提高我军的对抗训练水平，具有重要的借鉴意义。

一、俄军组织现地对抗演习主要做法

俄军团（营）首长和指挥机关在现地实施的对抗演习，目的是提高团、营指挥员及司令部计划、组织和指挥战斗的实际能力，检查指挥机关和参演部、分队的战备水平。

（一）聚焦实战明确对抗训练要求

1. 参演单位的数量不宜过多

俄军认为：参演单位数量不宜过多，以免增加导演的工作难度。通常，每方各出一个摩步（坦克）团指挥机构，若干个下属营司令部，以及根据任务需要而加强给团的兵种和专业兵部（分）队司令部。此外，为实施侦察、工程和其他保障，可吸收一定数量的保障和勤务分队参加。为检验各参演司令部战术计算的真实性，在演习的某些阶段，还可吸收摩步、坦克、炮兵等分队参加演习。

2. 演习阶段应依据作战实际划分

团首长司令部演习通常分为三个阶段，每个阶段包括若干训练问题，如第一阶段可演练进入高等级战备和行军准备，第二阶段演练战斗的计划与组织，第三阶段演练战斗的实施和战斗类型的转换等。

3. 按照实战标准开设指挥所

各指挥所要严格按战斗条令和教令规定开设，并采取伪装和防卫措施。指挥所的转移根据实际情况和指挥员决心进行。

4. 贯穿全程构设复杂战术情况

演习中，战术情况的增设和战斗行动的推演不停顿，按实战条件进行。作战时间要与天文时间一致。战斗行动的推演由导演在导演组军官和调理员的协助下进行。为使演习富有教益，导演要善于设置复杂的动态性情况。这些情况应反映出现代战斗的特点，如突然性、危险性和合理的冒险性等。演习结束后，各司令部应在导演组军官和调理员的监督下返回驻地。途中也要有战术背景，并遂行战斗训练任务和组织各种保障。

5. 重视演习讲评

演习讲评可在演习地域进行，也可在返回驻地后进行。除由导演进行总的讲评外，兵种和勤务部门首长还可就各部门的情况进行对口讲评。

（二）围绕实抗精心组织训练准备

演习的准备工作由导演领导，主要内容包括：拟制演习计划、企图及各种演习文书，实施现地勘察和准备演习地域，受训指挥员和参演部、分队进行演习前的训练并做好遂行任务的准备。

1. 导演的准备

导演的准备工作：

① 明确或确定演习课目、目的和训练问题，并据此在图上选择和研究演习地域；

② 明确演习开始前的最初战役战术情况和演习各阶段的情况、兵力和部队的任务、友邻的态势和任务；

③ 确定每一训练问题的大致演练地域、演习双方的编成、导演组和调理机构的组成，以及摩托小时和各种保障物资的消耗标准；

④ 学习有关条令、教令及其他文件；

⑤ 确认研究的战例；

⑥ 确定演习企图、训练重点和需要研究的理论问题；

⑦ 将演习任务传达给副导演和有关首长；

⑧ 组织现地勘察；

⑨ 将演习企图及其说明报请直接首长批准；

⑩ 审批副导演、导演助理和调理员的局部计划及其他文书；

⑪ 对演习的准备情况进行全面检查。

在确定演习课目时，导演要逐一推算演习各阶段和每一阶段问题的战术训练内容。如演习在何种战役战术情况下开始和实施；哪些训练问题需要在白天进行，哪些需要在夜间演练；演习双方的部署行动的性质，等等。在演习的时间分配上，导演要将大部分时间用于推演战斗行动，其中用于夜间行动的时间不应少于所有战斗行动所需时间的30%。

除上述工作外，导演还要根据总的战役战术情况确定演习准备的主要措施，拟定演习日程表；根据训练课目和目的，为所有施、受训军官规定演习前必须学习和研究的理论问题，并指定学习文件和书籍。

2. 导演组和调理机构的准备

导演组和调理机构的准备首先从学习战斗条令、教令和其他文件开始，其基本方法是听课、组织讨论、进行地形模型作业、看教学片等。然后，所有导调人员根据各自的职责拟定局部计划。

导演组和调理人员的准备主要在现地进行，以便充分领会演习企图和明确自己在演习中的作用和职责。现地准备的最好方法是就战斗行动推演过程中的基本问题做即题作业。在作业中，要研究分析合成指挥员的可能决心、参演分队的可能行动、兵种和专业兵分队的使用，以及组织战斗时的各种保障问题。现地作业完成后，导演即可批准各调理员的局部工作计划。最后，导演应组织导演组和调理机构进行一次无线电合练，逐阶段、逐地区、逐时间地预演一下演习的全过程。

3. 指挥员、司令部和参演分队的准备

俄军认为，按照战斗训练计划进行的日常训练，就是指挥员、司令部和参演分队的演习准备。在日常训练中，指挥员、司令部和下属分队应做好在演习中履行职责和遂行战斗任务的准备。但在演习前，仍需进行必要的直接准备，如司令部要完成一系列司令部作业，参演分队要进行各种战斗合练、保养武器、调试技术装备、补充物资，以及学习战斗条令、教令有关章节和熟悉安全措施等。

4. 演习地域的准备

演习地域准备的基本要求是所选演习地域的地形特点和面积要保证参演人员高质量地演练所有训练问题。选定演习地域后，要按战术情况的要求安设靶标和射击模拟器材，清除靶场内的爆炸物，标示使用毁伤兵器后可能出现的危险地段、沾染区、破坏区、火区和水淹区，构筑导演指挥所和模拟地域、地段和设施，组织通信和警卫工作，采取卫生防疫措施等。

5. 演习文书的准备

演习开始前需要准备的文书主要有：演习企图及说明、战斗行动推演图及文字式情况设置计划、战术任务书、预先号令和战斗号令、导调人员的局部计划、无线电干扰计划、敌方行动标示计划和模拟计划。这些文书的基本内容如下。

（1）演习企图。主要内容是战术背景和演习课目的演练方法。演习企图要标在图上，并在现地勘察过程中加以明确、修改和补充。

（2）演习企图说明。其内容通常包括：参演司令部和分队的战斗编成和实际人数，双方战斗行动的基本性质，兵团、部队的战斗任务、正面和纵深，演习各阶段双方兵力兵器可能的密度和对比、组织战斗的时间、行军和进攻的可能速度、导演组和调理机构的编成、演习日程表、占领出发地域和返回驻地的程序、演习讲评的时间和地点等。演习企图及说明应在演习开始前两周报请上级批准。

（3）战斗行动推演图。其内容包括：演习各阶段开始前受训双方及上级的态势，双方上级的战斗任务，供指挥员定下决心的必要资料，受训双方的战斗任务，根据演习阶段和训练问题推算出的双方在各地区和时间内战斗行动的可能进程，兵种和专业兵的有关资料，各种保障情况、战术情况和发展顺序，等等。战斗行动推演图可附有文字式情况增设计划。如果演习需要跨跃一定的作战时间，推演图则需附有补充情况和前一段时间的战损表。在演习过程中，推演图的内容要根据受训指挥员的决心不断明确和补充。

（4）战术任务书。是使受训双方进入情况的原始文书，可以书面形式附最初情况图，也可以标图加有关说明的形式编写。其内容包括：总情况、局部情况和必要的参考资料。

总情况包括：关于敌方的资料、己方上至两级的态势和行动、空中情况、电子及雷达对抗情况、辐射和化学情况、各种保障情况等。

局部情况包括：关于本部（受训司令部）及友邻的详细资料、简要敌情等。

参考资料包括：敌军的番号、作战地区和开进路线上的气象情况、己方兵团与部队的组织编制、物质器材的携行量和保障能力等。

战术任务书的末尾，要注明地形图的编号并规定受训人员在演习开始前必须做什么和准备做什么。

（5）副导演和导演助理的局部计划。既可以图为主，也可以文字为主。在现地勘察过程中，这些计划应根据战斗行动推演和演练程序进一步明确和细化。该计划通常包括：演习双方司令部和参演分队的编成，演习课目，所负责的兵种、专业兵及勤务部门受训人员的训练目的，演习的阶段划分及持续时间，经过细化的本兵种训练问题、演练程序和时间，下属分队和勤务部门的兵力兵器部署，同调理员和受训人员的通信组织方式，必要的计算数据和其他资料。

（6）调理员的局部计划。该计划通常要指明：演习课目，训练目的、演习阶段划分及持续时间，训练问题及演练程序和时间，总情况和各分队的任务，通信表，对所在部队指挥员和司令部的监督方法、考察项目和方法，必要的计算数据及其他资料。

（7）无线电干扰计划。由电子战助理拟定，其内容包括：电子斗争的任务及实施程序，参加电子斗争的兵力兵器，无线电干扰组的数量及各组的干扰器材、配置地域和各压制地幅的界线，施放无线电干扰的程序和计划表，禁止压制的频率，无线电干扰器材的转移路线，通信组织表和指挥信号。

（8）敌方行动标示计划。其内容主要包括：标示工作的基本目的和任务，兵团的战斗任务、指挥员的企图，双方在演习每一阶段开始前的大体态势，所标示目标的名称和番号，显示（模拟）双方态势和行动的计划表，所需人员和器材的统计表，标示程序和计划表。对双方行动的标示方法是，根据双方的决心，使用参演分队显示情况，设置靶标情况和使用模拟器材模拟情况。

（9）模拟计划。在敌方行动标示计划的基础上，还应再拟定一份模拟计划。模拟计划通常标在大比例尺地图上。拟制工作由导演组参谋长负责，吸收各兵种、专业兵种装备部门人员参加。计划通常包括：核生化突击、航空兵突击的模拟地域或地段，高精度武器、火力支援直升机和炮兵突击的模拟地域或地段、核地雷和地雷爆炸性障碍模拟地段、沾染区、破坏区、火区和水淹区，模拟所需人员和器材统计表，模拟方式和顺序、对模拟的指挥及通信组织计划表，以及安全措施等。

（三）依据作战进程组织导调工作

按照演习的进程，导演组要依次完成下列督导及与此有关的各项工作。

1. 检查受训人员的战斗和动员准备水平

演习通常从部队驻地或演习出发地域开始。首先，导演组通常要检查受训人员的战斗和动员准备情况。其主要内容是受训人员完成规定任务的程序和时间、各类主官和全体人员对各自职责的了解程度和实际掌握水平。

2. 赋予战术任务

演习中，导演要以上级指挥员身份赋予团长基本战术任务。

视演习课目和演习目的的需要，基本战术任务可在演习开始或向演习地域开进时预先赋予，也可在抵达演习地域之后赋予。此后，导调人员便根据导演的指示，对受训军官实施监督，同时鼓励他们发挥主动性和自主精神，并通过实际演练提高其履行职责和对事态发展的预测能力。

3. 开设导演司令部

到达演习地域后，导演组要开设导演司令部。开设地点通常位于参演某一方的团指挥所附近，并同时与参演双方保持通信联系。

4. 下达战斗任务

随着演习的深入，导演开始向受训指挥员和司令部下达具体的战斗任务。下达任务的形式不限，可以是预先战斗号令，也可以是战斗命令或战斗号令。可以拍发文电，也可采用递送文字或图解式文书的形式。

如果演习一方先演练进攻，另一方先演练防御，则给守方下达战斗任务的时间要早于攻方。通常是待守方定下决心后，再向攻方下达任务，以便使攻方能够获取守方的一些情报。如果是演练遭遇战，则同时给双方下达任务。

指挥员和司令部在受领战斗任务后，要迅速展开战斗的组织工作。在组织工作中，可使用并行工作法，也可使用顺序工作法，或两者并用。

5. 增设情况、通报信息

在演习过程中，导演通过副导演、导演司令部、各兵种及勤务助理不断增设情况，并向受训人员通报：己方分队在某一时间的态势和状况、敌情、当地的疫情，上级首长为本团采取的防空措施、友邻的任务和状况，以及对己方部、分队的行动和首长定下决心有影响的其他情况。调理员此时负责增设部、分队的状况、坏损武器装备的修复和物资补充方面的情况。上述情况和信息的告知形式是：上级首长的号令、命令、友邻的通报、下级的报告，以及各类侦察情报等。其中，侦察情报应当是不全面的，而且有矛盾，需要受训人员进行认真思考和综合分析。

6. 考察和训练参演人员组织战斗的能力

在组织战斗阶段，导调人员应考察受训人员是否掌握了定下决心、拟定战斗计划、下达任务、组织协同、实施指挥和组织全面保障的方法，训练参演司令部按规定时限高质量地拟制各种战斗文书。在导演的监督指导下，受训团长听取各兵种和勤务部门首长关于兵种使用和战斗保障方面的建议。导调人员此时要认真分析这些建议报告，评估报告人正确地判断情况、简明扼要地表述建议和以必要的计算提出根据的能力。上述建议均应由有关首长提出，由团长审批并在定下决心时参考。不允许导调人员向指挥员和部门首长强加决心和建议。在此期间，演习企图和需下发给受训司令部的其他文书，可根据受训指挥员定下的最富有主动精神和最合理的决心，作出必要的修改和补充。

在受训人员拟定完并上报导演（另一方为副导演）战斗企图、向下属司令部下达预先战斗号令，以及在团长批准兵种及勤务部门首长的建议后，导演便以上级指挥员的身份向团长下达战斗号令和战斗命令，并根据面临的情况、团的任务和受训指挥员、司令部的训练水平提供组织战斗的时间。

在这段时间内，导调人员要考察团长和司令部的战斗组织和协调能力。其具体内容为：对敌侦察是否及时有效，这包括不仅要发现敌方的目标和部署，而且要判断出敌方的可能行动企图；对兵力兵器对比的计算是否正确；诸兵种、专业兵种的协同组织得是否全面；是否及如何采取疏开配置措施；能否善于利用战斗装备的防护性能和地形的伪装性能；对情况的分析深度，以及组织对敌火力毁伤、电子对抗、防空、防高精度武器等方面的情况。此外，导调人员还要关注受训指挥员及其司令部战斗组织工作的隐蔽性。

在指挥员和司令部定下决定的过程中，导调人员还要检查各种战斗文书的完成质量。文书的内容要求既简明扼要又不失具体。文书的总量要适中，且每一份应确有必要。在传达战斗号令时，要求使用先进的工作方法和包括自动化指挥系统在内的先进技术手段。

如果导演无暇逐个研究演习双方的决心，则另一方的决心首先可交由导演司令部参谋长或副导演审批；然后向其报告处理结果；最后，当双方团长向所属分队下达图解式战斗命令和战斗保障指示时，再由导演组共同研究双方团长的决心。研究批准受训指挥员决心企图的工作要不停顿地进行，以便全面检查决心的基本内容，评估指挥员和司令部的工作方法和作风。受训指挥员下达任务也要连续不断，且方法正确，表述简明具体。对兵种和勤务部门的首长，主要是考察其独立实施各自措施的能力。

7. 及时纠正受训指挥员的错误

如果指挥员的决心有错误，导演要提示指挥员更深入地分析判断情况，重新进行必要的计算并据此纠正决心中的不足。如果受训指挥员的决心明显不符合实际情况，达不到训练目的，或有可能导致违反安全措施的情况，以及有可能使国家、集体和群众财产受到损失，则导演作为上级首长，有权对其决心进行必要的修正。

但纠正决心错误要做得巧妙自然。例如，导演可做出某种暗示，令指挥员定下决心时考虑。必要时，可通过设置补充情况，提供友邻的决心、通报上级首长的行动等方法，促使指挥员定下合理的决心。或者在批准指挥员决心时，先向其讲明团的任务，然后再据此对决心进行必要的修改。

8. 充分利用训练教材，提高训练效果

在组织战斗阶段，导演组应根据双方的决心、敌方行动标示计划和导演的指示，适时使用靶标、模拟器材和专门分队标示目标，以使设置的情况具有直观性，并使受训人员能够目睹自己的决心和行动的实施情况。

演习双方的决心经导演或副导演批准后，双方的团司令部按规定时间将图解式决心、决心说明和书面战斗命令呈报导演司令部，并做好实施战斗行动的准备。

（四）按照战斗实际严密组织战斗推演

1. 拟定推演建议，确定行动结果

推演工作的第一步，是由导演司令部拟定推演建议，确定双方战斗行动的可能性质及其结果。在这项工作中，需要考虑的因素有：双方团长的决心是否符合行动的目的和上级首长企图，对敌方部署和目标掌握是否全面；主要突击或主力集中方向选择是否正确；所下达的战斗任务是否与分队的战斗力相符；对敌火力毁伤的程度；对各种情况条件考虑是否全面；协同动作和战斗保障组织是否准备全面；战斗队形编组是否巧妙，等等。此外，还要考虑到双方团长下达任务是否及时，是否表现了主动和勇敢精神，是否运用了军事计谋和新的行动方法等。

根据对上述因素的分析对比，导演组确定战斗行动结果，并参照推演图确定双方的军队调往地区。在这些地区内，标出演习双方营、独立连和随团行动的防空分队的态势，以及上级首长据此情况定下的决心，并根据计算编制出前一阶段行动的战损表。

2. 明确推演程序，推演火力毁伤

导演审批完推演建议后，在现地向导演组和调理机构明确推演程序并作必要的指示。导演组再将有关情况传达给位于分队指挥员处的调理员。

此后，导演回到一方的团长处并同各兵种助理和位于另一方的副导演保持联系。听到受训指挥员的口令后，模拟助理便开始按照战斗行动推演计划推演火力毁伤。为训练指挥员定下对敌实施纵深火力毁伤决心的能力，导演应以上级通报和侦察情报等形式向其提供毁伤目标及其坐标。

3. 不断细化情况，训练分队指挥

依据分队担负的任务，调理员按时间和地点不断增设情况，根据营长的决心细化情况，确定每个连（独立排）的态势，并以连（排）指挥员的身份，用无线电或书面（图解）文书向营长报告情况。如果演习吸收了分队参加，则由其指挥员报告这些分队的真实情况。

营长及其司令部在判断上述情况之后，便定下决心并向团长报告。而位于营长处的调理员则向团司令部的调理员报告。然后，营长向由调理员充当的分队明确或下达战斗任务。与此同时，副导演、兵种及勤务部门助理也用无线电向团长、团司令部、兵种及勤务部门的首长通报其所属分队的情况。导演司令部则根据受训人员的询问向其通报友邻的态势、行动性质和任务。

分队指挥的演练应在激烈电子对抗条件下进行。在此期间，导演司令部要力求使在此条件下的分队指挥问题都得到充分演练。

4. 严格把握行动评判标准，如实进行战损统计

在对受训人员的行动评判方面，必须以双方行动的完成质量做出评判。例如，受训营的战场侦察和观察组织得不好，就不能判其成功。受训团没有充分演练对敌火力毁伤问题，也不能判其成功。在此情况下，导演应以增设补充情况的方式，促使受训指挥员采取必要措施，直至达到训练目的为止。

在作战损失的统计方面，要综合考虑受训指挥员的火力毁伤决心、分队的战斗能力、对方的防护措施、分队的行动性质等诸多因素，如实作出战损统计。

5. 体现现代战斗特点，逐步增大情况难度

在增设战术情况的过程中，要根据现代战斗的特点，逐步增大情况的难度，使受训人员经常在极为困难的条件下行动。如在与上级失掉联系的条件下，对急剧变化的情况迅速做出反应；及时向新的方向转移兵力；采取先敌机动和先敌突击措施等。为这些行动所设置的复杂情况通常是：指挥所和战斗队形遭到地面和空中之敌的攻击，通信遭到破坏或受到强烈的无线电干扰，侦察情报要素不全且有矛盾，弹药和其他作战物资输送困难，以及部队面临沾染区、破坏区和火区，等等。

对抗演习中，须设置对双方来说同样复杂的情况，每一方都要采取先敌行动措施。

6. 情报来源多样化，培养指挥员的积极获取意识

为培养受训指挥员积极、主动、多方获取情况的意识，演习中侦察情报通常分为两类：第一类是受训指挥员下属侦察机构提供的情报；第二类是上级、友邻和空中侦察提供的情报。下属侦察机构的侦察情报，由导演侦察助理和位于受训司令部的调理员根据受训指挥员的决心向其提供。这类情报的内容详尽程度视组

织侦察的周密程度、指挥员向侦察机构下达任务的及时性，以及完成侦察任务的必要时间等因素而定。如果演习有真实侦察分队参加，就应评判侦察分队行动的隐蔽性和快速性，侦察情报的及时性、可信性和准确性。第二类情报是无法从下属侦察分队得到的情报，由导演组在受训司令部主动问询后，以上级和友邻通报、空中侦察情报等形式提供。

7. 视情宣布暂停，确保演习顺利进行

在演习中，如果出现了问题需要及时纠正，导演可视情宣布暂停。宣布暂停的场合通常是：受训指挥员的行动与所定决心和训练目的不一致时；严重违反安全措施时；有可能使国家及群众的财产受到损失时；战斗行动推演结束，准备返回驻地时。收到暂停信号后，参演人员要立即停止行动原地待命。

8. 边推演边准备讲评，寻求两者紧密衔接

为使战斗行动推演结束后尽快进行演习讲评，导演组应抽调3至4名军官组成讲评小组，负责汇总各方面的情况，准备讲评材料。讲评材料按演习阶段进行准备前逐阶段报导演审批。推演结束后，导演通常用1.5至2小时听取导演组和调理机构主要领导对受训人员的评定和讲评建议，之后据此完成讲评文稿。

二、美军组织实兵对抗演习主要做法

美军组织的联合演习（无论是在美国本土组织的诸军种联合演习或是与盟国组织的联合演习），一般采取单方演习和实兵对抗演习相结合的方式。

（一）实兵对抗演习是其师以下部队的主要演习样式

美军认为，组织战役战术演习是提高美军战斗力，加强战备

程度的有效手段。联合演习是美军训练的最高形式。联合演习一般区分为诸军种联合演习、与盟国的联合演习和核大战演习三类。

实施方式有对抗演习和单方演习两种，第二次世界大战以后，美军组织的联合演习（无论是在美国本土组织的诸军种联合演习或是与盟国组织的联合演习），一般采取单方演习和实兵对抗演习相结合的方式组织。实兵对抗演习一般是在师、旅级战术部队的攻防演习中组织。例如，美军在本土组织的诸军种联合演习中，包括"雄鹰""勇敢的骑士""坚固盾牌""严寒"和"纽约冰川"等，一般按先遣部队开进、主力部队快速展开、指挥所演习、野战实兵对抗、回撤五个阶段组织，其野战实兵对抗演习部分规棋通常为师、旅级战术部队。又如，美军与北约盟国组织的"秋季熔炉"系列演习（自1975年开始每年秋季组织一次），也基本采取单方演习与实兵对抗演习相结合的方式组织，在约20~30个相互联系的分区演习中，有单方演习，也有实兵对抗演习，陆、海、空军的快速机动演习均为单方演习，师、旅级战术部队的攻防演习通常是实兵对抗演习。美军与韩国军队组织的"协作精神"（自1967年开始每年组织一次），也是采取单方演习与实兵对抗相结合组织的，实兵对抗演习的规模也在师、旅级以下战术部队。与其他盟国组织的演习大体也是如此。战役级的指挥机关对抗演习主要是指挥对抗（包括电子对扰）。

（二）一般采取"红蓝对抗"方式

美军认为，两支部队使用相同战术和装备实施的对抗演习，不符合实战要求，不能有效地训练战斗部队适应实际作战的需要。为此，美陆军于1977年决定，在全部军事设施中都实行假设敌实兵对抗训练演习制度。为了指导假设敌实兵对抗演习的组织与实施，美陆军在得克萨斯州胡德堡建立了代号为"红色突击"的假设敌部队训练支队。并规定，所有在训练和演习时扮演假设敌的人员均须在胡德堡训练基地接受扮演苏军士兵的严格训练。训练期间，按苏军起床号的号声起床，吃俄罗斯的早餐，接受苏军士兵的体育和军事训练，学习简单的俄语战场对话，晚上进行苏军士兵所需的"政治教育"、晚点名等。自1982年起，驻美国本土的坦克营和机械化步兵营每隔18个月要轮流到欧文堡国家训练中心与模拟苏军的"蓝军"部队进行一次实兵对抗演习。

美海、空军也非常重视组织与"假设敌"的实兵对抗演练，并分别组建了"假设敌"部队。海军为使部队在酷似实战的对抗演习中提高实战能力，针对航空母舰飞行员出海执勤多、空战训练机会少的情况，近年来特别强调两洋舰队母舰航空兵飞行员必须按计划轮训完成3个星期与酷似潜在敌人的"对手"空中交战训练，并经常在舰母编队中组织对抗演习。如1995年3月23日美太平洋舰队"独立号"航母编队与韩国海军在黄海中南部就组织了一次代号为"南方"的海上实兵对抗演习。

空军的假设敌部队——"侵略者"中队，已于1992年换装F-16C，用来模拟米格-21、23、29和苏-27飞机，经换装的"侵略者"中队，除参加例行对抗演习外，还经常化整为零，分成若干小分队，到各飞行联队进行对抗性空战演练。要求战术空军每个飞行中队每年至少参加一次与"假设敌"的空战对抗演习。

美空军"侵略者"飞行部队每次对抗演习演练的课题达10余个，持续45天。美陆军"近卫摩步第32团"（欧文堡国家训练中心假设敌部队）每次对抗演练的基本课题就有6个，演练时间为 9 昼夜以上，有时持续 1 个月，这两支假设敌部队年人均参演时间 200~320 天。在欧文堡国家训练中心受训的美军分队，演习中有时数天吃不上热食，得不到燃料和饮水补充，经常在几分钟内被假设敌部队火力毁伤 60% 或被其全歼。

（三）重视调理组织和模拟器材运用

为保证实兵对抗演习效果，美军极重视演习中的调理工作。美军 FM105—5 号教令中指出，尽管调理员没有指挥部队的权力，但他们仍可以影响部队的行动和表现。调理员应防止演习的速度高于实战的速度，并努力使之保持应有的速度。除组织双方的战斗行动推演外，调理员往往还担负着监督新式武器和技术装备的试验，检验战术指标和研究新战法的责任。

师实兵对抗演习中约派出 350~400 名调理员，其中部队调理员约 140 名（由 50 名军官和 90 名士兵组成），通常派至排以上单位。地段（地域）调理员 230~250 名（由 100~110 名军官和 130~140 名士兵组成）。

对抗演习准备阶段，导演部要组织全体调理员到现地展开作业，研究解决演习调理的有关问题，包括演习每一阶段调理员的职责，对火力模拟小队的领导，预防事故措施，估算损失的方法，组织通信等。侦察机关和部队的行动推演问题，双方获得侦察情报和导演司令部与调理员为双方提供侦察情报的方法问题，单独组织调理员研究解决。

为使对抗演习最大限度地接近实战，美军十分重视运用模拟训练器材，在对抗演习中运用较多的是各类电子、激光模拟交战器材，1985 年已开始投入使用的模拟器材包括"陆军作战训练模拟系统""多用途激光交战系统""自动武器效应模拟系统""M1 型坦克分队射击模拟器""AH64 型攻击直升机战斗任务模拟器"等。近年又将激光直瞄武器模拟系统与火炮间瞄射击、核生化、燃烟、地雷武器效应模拟器等结合，形成战场火力全要素模拟系统，使合同作战对抗演习的火力毁伤演示更加近似实战。

为模拟逼真的战场环境，演习中通常还建立地面、空中和传递情报模拟小分队。地面模拟火力小队的任务是模拟核武器、化学武器和常规武器弹药的爆炸。小队由1~2名经过训练的观察员和1名汽车司机组成并配备有通信器材。小队携带红色信号弹、红色小旗、手提式扩音器、模拟空中和地面核爆炸以及化学武器的器材等。一个小队能模拟一个连的火力。通常给第一梯队的每个营派2~3个地面模拟火力小队。

空中模拟火力小队的任务是模拟在远离作战部队和敌人纵深处使用核武器、化学武器和常规武器的情况。小队由1~2名观察员和1名轻型直升机驾驶员组成并携带必要的火力模拟器材。模拟一个炮兵营的火力通常需要1~2个小队。

传递模拟火力情报小队的任务是根据双方参演指挥员定下的射击、轰炸和实施核突击的决心，为地面和空中小队提供必要的情报。这种小队位于航空兵、火箭兵和炮兵的指挥所内，由数名军官、计算员、报务员和司机组成。小队配备有通信器材和计算射击诸元的仪器，小队和有关调理员一起检验部队计算的射击诸元是否正确并据此决定如何模拟火力。

（四）向计算机模拟对抗方向发展

美军认为，组织实兵对抗演习虽然有利于提高部队的战斗能力，但组织比较复杂，尤其是不便于大规模组织，因而十分重视发展计算机模拟对抗系统，用计算机作战模拟来解决一些实兵对抗演习中难解决或解决不了的问题。

　　美军 1982 年就在国防大学设立了"作战博奕与模拟中心"，该中心编制开始定为 9 人，1986 年扩大为 18 人。目前已建立政治—军事模拟、学术保障模拟、作战模拟三类模拟对抗系统。

　　其中，作战模拟系统是一种实兵对抗演习模拟系统，用于模拟敌我双方部队的对阵情况。在模拟对抗演习中，学员们分别编入蓝军组和红军组实施对抗作业，通过人机结合的对抗，达到训练目的。美军营以上的作战指挥训练已基本实现计算机化。

第四章 牢固确立工程兵对抗
训练指导理念

在全军加强实战化、对抗性、检验性实兵演习的新形势下，要深入推进工程兵对抗训练，首先必须转变对抗训练的思想观念，确立技术对抗为基础的指导理念，对抗训练多层次全方位渗透的指导理念，灵活多样开展对抗的指导理念，通过开发信息化导调系统和模拟交战设备逼真模拟交战方式的指导理念。

一、以技术对抗为基础

"以技术对抗为基础"，就是要着眼于完善工程兵对抗训练内容体系，强化工程兵专业技术对抗训练的基础性地位，克服只重视战术对抗训练、轻视技术对抗训练的倾向，推动工程兵对抗训练的普遍发展。

要切实巩固专业技术对抗训练的基础性地位。在工程兵部队的对抗训练中，专业技术对抗训练有着基础性的地位，这是因为专业战术对抗训练的内容，往往是由数个甚至数十个技术对抗内容构成的，且工程兵专业战术对抗训练成效的提高，主要是依托技术对抗的质量效益。反映在作战中，就是工程兵部（分）队主要依托爆破、架桥、构筑指挥所、架设掩盖遮障等技术作业，遂行机动、反机动工程保障任务，并以工程技术手段遂行战斗任务，作战行动的技术密集程度高，作战行动的对抗性，往往通过技术对抗的方式间接地体现出来。因此，全军工程兵部（分）队，应在以往对抗训练经验成果基础上，本着提高专业技术训练水平、打牢专业战术对抗训练基础的目的，不断加大专业技术对抗训练的开展力度，切实巩固专业技术对抗训练的基础性地位。

要提高专业技术对抗训练的水平和普及程度。随着全军对抗训练理论研究和实践探索的逐步深化，工程兵作为专业技术保障兵种，只有紧紧抓住了保障兵种对抗训练的特殊性，充分挖掘自身特色，才能为对抗训练的普遍发展带来足够的推动力和广阔的发展空间。当前，只重视专业战术对抗训练、轻视专业技术对抗训练的现象仍比较普遍。为此，首先应充分认清，较之工程兵专业战术对抗训练，工程兵专业技术对抗训练不仅具有更丰富的课题，而且由于自身专业技术课目的训练特点，使得技术对抗训练可以红红对抗形式普及推开。其次，应在继续加强专业战术对抗训练实践的同时，不断加大专业技术对抗训练的开展力度，切实扭转将专业技术对抗训练"束之高阁"的这种现象，尽快提高专业技术对抗训练的水平和普及程度，努力推动工程兵对抗训练在各层次各阶段上的普遍发展。

二、多层次全过程渗透

"多层次全过程渗透"，就是立足于提高工程兵对抗训练的普及程度，使对抗训练贯穿于工程兵部队训练的各个层次和年度训练的各个阶段。

将工程兵对抗训练渗透于单兵训练之中。开展单兵互为条件的对抗训练，是丰富单兵训练方法，提高单兵训练积极性，促进单兵技能向能力转化的有效途径。在组织单兵作战必须的"观、动、打、炸、防"等基本能力训练时，可互为条件搞对抗；在组织单兵地雷埋设与排除等专业共同技术课目训练时，也应互为条件搞对抗。互为条件的对抗，能使单兵在与对手的对抗中，充分发挥主观能动性，最大程度地运用所学技战术，甚至是依据实际情况创造性地运用所学，因而有利于培养士兵能战、善战的技能及良好的应变能力和心理素质。

将工程兵对抗训练渗透于分队训练之中。工程兵分队训练，通常是在年度训练的专业技术训练、专业战术训练和综合演练阶段进行，包含技术课目和战术课目两种训练内容。专业技术训练期，可在各专业分队临时训练训练编组之间，广泛开展专业技术对抗训练，实现人员专业技术由熟练操作使用向应用能力的有效转化；专业战术训练阶段，应以专业战术对抗训练为重要方法，提高分队战术训练的实战化训练水平，提高分队独立遂行工程保障任务的能力；综合演练阶段，可在连排规模对抗训练的基础上，采取营战术演练的形式，在生疏地形上组织对抗训练连贯作业，锻炼营级作战单元的工程侦察、通信联络、分队行动、战场工程保障等综合能力，提高营综合演练的训练质量。

将工程兵对抗训练渗透于首长机关训练之中。工程兵旅、团首长机关开展战术对抗训练，应以应急作战为背景，结合部队担负的作战任务，着眼信息化条件下作战特点，设计演练背景和演练课题，着力论证和检验所担负作战任务的基本战法，熟悉未来战场环境和掌握作战组织指挥程序，提高首长机关作战指挥能力和部门间协作能力。

三、灵活确定对抗形式

"灵活确定对抗形式"的指导理念，就是要注重结合部队现有训练条件和体制编制特点，灵活确定对抗形式，着力提高工程兵对抗训练的普及程度和质量效益。

工程兵对抗训练的基本形式为红蓝对抗和红红对抗，两者各有优势和弱势。红蓝对抗的优势在：第一，有成建制的蓝军部（分）队充当假想敌，使对抗训练有明确的作战对手，有利于开展外敌军研究，有利于强化参训官兵的敌情观念，有利于开展战法研练，提高对抗训练的针对性；第二，两个对抗主体的独立性较强，对抗态势随机生成，能最大限度地贴近实战，提高对抗训练的实战化水平。其弱势在：第一，蓝军部（分）队对作战对手的模拟程度受限，虽然可以在一定程度上模拟敌军的编制体制、服装、语言和行动方式方法，但在武器装备上模拟程度受限，在作战思想上模拟程度受限，只能"形似"或部分地"神似"；第二，编组蓝军部（分）队的规模受限，在工程兵部队，一般只能编组排规模的蓝军分队，编组连以上规模的蓝军分队则比较困难，这就造成了两个对抗实体实力相对悬殊的问题，无法做到对抗取胜概率相对均衡，蓝军分队往往只是扮演着袭扰红方行动的角色，只不过是把以往单方训练中的敌情形象化，从而使红蓝对抗的激烈程度并不是那么高；第三，由工程兵保障对象的合成性所决定，工程兵的对抗敌手通常应是合成力量，因此，工程兵专业战术对抗训练的模拟蓝军应是相应的合成力量。但是，受体制编制和武器装备的限制，工程兵部队依靠自己的力量，往往难以组建起具有合成性质的模拟蓝军分队。工程兵部队的平时训练中，由于缺少合成部队首长机关的直接领导，因而，工程兵部队依托合成模拟蓝军的红蓝对抗训练，难以开展起来。红红对抗的弱势在：第一，缺少明确的假想敌，对抗双方均依照我军的编制、装备和战术思想展开行动，对外敌军研究不够深入；第二，两个对抗实体平时为友邻部队，相互较为熟悉，容易出现相互刺探原案、摸底细、出歪招、想损招等现象，变"为打赢"为"为抗胜"，偏离了对抗训练的本来目的，这是在近年来对抗训练中已经暴露出的不良倾向。其优势在：第一，可依托部队的现有编制和装备开展对抗训练，对对抗训练的条件建设要求不高，便于组织对抗训练；第二，有利于成建制、大规模地开展对抗训练活动，两个对抗实体可以团、营规模展开自主对抗活动，且实力相当，获胜概率相对均等，只要导调得当，仍能最大限度地调动双方的对抗激情，达到激烈的对抗程度，从而提高实战化训练水平。基于上述认识，关于工程兵部队、分队的对抗训练形式，可做如下选择：

（1）工程兵营以下独立分队可多选择红红对抗形式。合成部队所属工兵连、工兵营、工化营等，不包括工程兵旅（团）所属分队，组织开展对抗训练时，应多选择红红对抗形式。这是因为，营以下独立分队由于受体制编制和武器装备的限制，难以独立组建模拟蓝军分队，在年度训练的分业训练期和综合演练期，可广泛采取红红对抗的形式，普及推开对抗训练。开展红红对抗训练，应通过科学规范的组织和严格正规的施训，切实调动官兵参训的积极性，提高单兵训练、分队技术、战术训练和营一级综合演练的质量效益。

（2）工程兵旅（团）所属分队可多选择红蓝对抗形式。现有条件下，工程兵旅团可摸索组建一个常设模拟蓝军分队，例如，在旅团本级内抽调专业素质较好的士兵和干部，依托教导队进行相关培训，组建起规模适当、要素齐全的模拟蓝军分队（可为排级规模）。工程兵旅（团）所属分队的红蓝对抗，应由旅（团）机关在年度训练计划上做好统筹，并由旅团机关牵头组织，在模拟蓝军分队的使用上，应注意做好"相关兵种力量"的加强，使之切实起到"磨刀石"作用，并本着倾斜于使命任务课题

49

和重难点课题的原则，合理编配对抗力量，统一协调场地保障，集中调配物资器材，切实提高分队红蓝实兵对抗训练的质量效益。

（3）工程兵部队演习应多采用红红对抗形式。在工程兵部队，一般只能编组排规模的蓝军分队，编组连以上规模的蓝军分队则比较困难，因而，难以满足部队演习的需要。开展工程兵部队对抗演习，应在既有编制体制和武器装备下，根据不同战术课题，依据战时群队编组的原则，打破平时建制，以红红对抗的形式，编组"工程情报侦察队""指挥所构筑维护队""机动工程保障队""工程设障队""工程破袭队""工程伪装队""工程破障队"等，以自主对抗演练的方式检验、锻炼和提高部队的整体作战工程保障能力。

（4）工程兵旅、团首长机关应选择红蓝对抗形式。工程兵部队首长机关的对抗训练，通常以兵棋对抗和网上对抗为组织手段，而对模拟蓝军部（分）队实体并无具体要求，因而，可普遍采取红蓝兵棋模拟和网上模拟的形式组织实施对抗训练。

四、运用模拟交战方式

"逼真模拟交战方式"，就是通过积极创设复杂电磁环境、开发利用导调监控系统、评估裁决系统、模拟交战设备等，努力提升工程兵对抗训练的针对性和实战感。

通过构设复杂电磁环境，逼真模拟工程兵对抗训练的战场环境。复杂电磁环境是信息化战争的显著特征。随着电子信息技术的发展，武器装备信息化程度的不断提高，未来战场中，对抗双方电磁频谱的利用更为广泛，争夺制电磁权的斗争更加激烈。复杂电磁环境下，双方的对抗将呈现出部队行动的可控性降低，组织协调控制难度加大，武器装备失灵、降效，安全保密问题更加突出的新特点。为此，开展工程兵对抗训练应紧贴未来战场这一变化，积极构设复杂电磁环境，逼真模拟战场环境，切实提高对抗训练的针对性。

通过开发利用导调监控和评估裁决系统，实时调控对抗态势和对抗进程。实现对抗态势和对抗过程的实时调控，是提高对抗训练实战感的重要途径。工程兵部队应积极借鉴我军自行研制的"陆军部队演习评估系统"和基地训练导调裁决系统，依托有关力量开发适用于工程兵对抗训练的导调监控系统和评估裁决系统，使参训部队的行动"尽在监控之中"，使导调机构对部队处置手段、毁伤效果等演习效果评估变得及时、客观和准确，也使模拟交战变得更有实际意义。

通过开发模拟交战设备，逼真模拟对抗情境。近年来，我军加大了模拟交战武器的研制，并将其作为基地对抗演习的重要装备。今后几年，模拟交战器材的配备范围和种类还要加大，以提高对抗演习的难度。工程兵部队应依托有关力量，积极研制单兵激光模拟交战设备和装备激光模拟交战设备，努力实现士兵被模拟武器击中后，不会流血牺牲，但会被自动判别为"阵亡"，头盔上冒出彩烟，手中武器自动失效，并自动退出战场；装备上一旦被对方的模拟武器击中，也将自动熄火退出战斗，切实提高对抗训练的实战感。

第五章 科学把握工程兵对抗
训练组织要点

组织工程兵对抗训练，除要遵循对抗训练的一般规律外，还必须根据工程兵部队体制编制、工程装备、担负任务和行动特点的实际，切实把握工程兵对抗训练的特殊性，周密筹划对抗训练活动。在组织筹划工程兵对抗训练时，要切实做到：确立"真对实抗"思想，防止对抗训练走过场；着眼激化矛盾冲突，设计对抗课题内容；灵活选用对抗形式，精心编组对抗实体；善于捕捉对抗焦点，随机调控对抗进程；加强对抗条件建设，营造逼真对抗环境。

一、确立真对实抗思想防止对抗训练走过场

组织开展工程兵对抗训练，必须最大限度地模拟实战，确立"真对实抗"思想，切实提高实战化训练水平。由于对抗训练中双方都有明确的作战对手，每一个分队和官兵的行动，都对胜负结局有着直接或间接的影响，因而可有效激发对抗双方的战斗精神、敌情观念和求胜心理，最大限度增强训练的实战性。

要做到"真对实抗"，必须摆脱以往单方训练中的"摆练"现象。开展对抗训练，就是将单方训练的"带着敌情练兵"，转变为"与作战对手打仗"的模拟训练。对抗方互为敌手，敌情

真、对抗态势复杂多变，可有效改变以往单方训练中按照想定摆套路、走过场，指挥员只坐镇、不动脑、不指挥的顽症，克服一厢情愿、模式化的现象。

要做到"真对实抗"，就不能预设"红必胜、蓝必败"的对抗结局。要使对抗双方始终围绕如何战胜对方，练指挥、练谋略、练战法，通过对抗训练探索信息化条件下联合工程保障的特点、规律，以实战的姿态实施对抗，着力提高两个对抗实体的实战化训练水平，不能预设"红必胜、蓝必败"的对抗结局。要引导参演部队辩证地看待对抗中出现的问题和胜负结果，胜方不能"一俊遮百丑"，败方也不能"一丑遮百俊"，切实把握对抗训练的目的，即通过复杂多变、险象环生的对抗过程摔打锤炼参训部队，通过对胜负结局的评析查找经验教训，不断提高参训部队的实战能力和指挥员的谋略水平。在以往的对抗训练中，一些部队的官兵对胜负结果看得过重，不是着眼未来作战，而是为"名"而抗，斤斤计较于演练场上的胜负，甚至挖空心思接近导调人员，刺探原案，这样得到的胜负结局已经失去了实际意义。工程兵部队领导应当把对抗的目标聚焦到作战对手上，按实战要求进行对抗训练准备，以实战心态参加对抗训练，通过对抗训练提高"打赢"能力。

要做到"真对实抗"，必须克服消极保安全的思想。目前，在工程兵对抗训练中，还存在着降低训练标准消极保安全的思想，不少单位训练中不敢动车动枪，实兵、实装、实弹、实爆训练越来越少，虽然暂时保住了安全，但由于官兵训练基础较弱，训练安全隐患反而在增大，形成了恶性循环，造成了对抗训练"走过场"现象。对抗训练虽然难度大、风险高，但只要严密组织，安全措施得力，事故是可以避免的。

二、激化多个矛盾冲突科学设计对抗课题内容

组织开展工程兵对抗训练，应选择并精心设计能够产生多个矛盾冲突、多个对抗回合的课题和内容。矛盾的多少与冲突的剧烈程度，是推动对抗训练深入发展的关键。对抗训练的组织者，在筹划工程兵对抗训练时，要精心设计对抗方案，其中要把注意力放在具有矛盾主线、冲突焦点和相互制约的对抗课题和内容上，为对抗双方指挥员和参训官兵提供斗智斗勇的广阔空间。如在机动保障与反机动支援的对抗中，可按战斗进程分为道路破坏与道路抢修、桥梁破坏与桥梁架设、道路设障与道路排障三个回合，使对抗双方依据导演人员提供的情况和自己侦察到的情况，主动地与对手用兵斗法。而"接近与反接近"的对抗训练内容，红蓝双方可能形成的对抗焦点就比较少，而且容易喧宾夺主，冲淡工程兵对抗的特点。在选择对抗内容时，除要关注矛盾冲突的数量，还应注意每个矛盾冲突上可形成对抗回合的数量，只有满足了这两项指标的内容，才是最佳对抗内容。另外，有的对抗内容在实战中可能形成众多对抗焦点，但是，由于训练条件所限，致使有些对抗焦点体现不出来，这样的内容也要尽可能少在对抗训练中出现。

三、着眼对抗形式精心编组对抗实体

灵活选用对抗形式，就是根据工程兵对抗训练要达到的目的、具体课题和现实条件，采用红蓝对抗、红红对抗或其他混合对抗形式。目前，大多数部队倾向于采取编组模拟蓝军的形式，实施红蓝对抗训练，认为只有把模拟蓝军编实、训强、用活，成

为神形兼备的"蓝军通"，才能为红军树立起真正的强硬对手，发挥出"磨刀石"的作用。要克服"红主蓝次"的思想，不能把蓝军只作为显示情况的"道具"，应给蓝军充分的行动自主权，逼着红军善于斗智斗勇，练谋略、练战法，通过对抗训练提高实战能力。但是，红蓝对抗也有一定的局限性。首先，蓝军模拟作战对手的程度受限。编组的模拟蓝军部（分）队，可以在一定程度上模拟敌军的编制体制、武器装备、服装、行动方式乃至生活习惯和文化素养，但部队官兵的价值观念、思维方式、作战思想、战斗精神等长期积淀形成的软实力，在很大程度上是无法模拟或移植的，做到"形似"容易，做到"神似"就比较困难了，最终只能培养出"蓝皮红心"的模拟蓝军部（分）队。实际上，红蓝对抗与红红对抗本质上是相通的，只不过是模拟实战程度的高低有所不同。总体上讲，军事训练也只能是模拟实战，最大限度地贴近实战，但无法消除训练与实战的固有差距。在各种训练方式上，对抗训练与其他训练方式相比，模拟实战的程度较高。在对抗训练中，红蓝对抗与红红对抗相比，红蓝对抗模拟实战的程度更高一些，仅此而已。其次，各部队组建蓝军分队的条件受限。从现阶段看，由于缺乏实际的保障条件，每个工程兵部（分）队难以培养形神兼备的模拟蓝军分队，过分地强调运用红蓝对抗的形式，反而会阻碍工程兵对抗训练的普遍开展。为在官兵思想中强化以对抗的方式搞训练的观念，目前可以多搞一些红红对抗，在个别条件允许的部队，可以集中人力、物力、财力搞一些高质量的红蓝战术对抗。因此，不能过分迷信红蓝对抗的形式，以至于否定红红对抗的实际存在价值。红红对抗虽然模拟实战程度较低，但便于在各部队广泛地组织开展，对工程兵专业技术和专业战术对抗训练具有普遍的适用性，可以广泛运用。

因此，组织工程兵对抗训练，在对抗形式上要破除对红蓝对抗的迷信，树立"多样化"的思想，纠正对抗方法"单打一"的现象，不能认为没有编配蓝军分队，就没有开展对抗训练的条件。要认识到，红红对抗与红蓝对抗都是开展对抗训练的基本形式，当前情况下，工程兵部队应普遍采用红红对抗形式，使两个对抗实体通过构成交战和反制的对抗关系，营造近似实战的战场环境，增强训练的针对性和竞争性，提高指挥员谋局造势、真打实抗的能力。随着工程兵部队信息化建设水平的提高，要积极探索首长机关网上一体化指挥对抗训练、复杂电磁环境下对抗训练的方法路子。尤其要在基础训练和专业技术训练阶段，普遍开展实兵对抗训练和专业分队技术对抗训练。同时，要积极创造条件，参与到依托基地训练的跨兵种对抗训练之中，并加强基地化训练相关问题的研究。

精心编组对抗实体，就是要使对抗双方实力相当，呈势均力敌状态，使双方具有相对均衡的取胜概率。如果对抗双方实力悬殊，处于劣势的一方就会失去对抗的信心和勇气，并有"虽败犹荣"的不服气心理，从而使对抗训练缺乏竞争力和公正性。因此，对抗训练的筹划者要精心编组两个对抗实体，造成有利于抗争的初始态势，从而最大限度地激发对抗双方训练的积极性、抗争性和求胜心理。在对抗训练中，通常攻方的兵力应大于防方的兵力，但防方必须占据地形之利，促使对抗双方的取胜概率相对均等。如组织障碍设置队与障碍排除队对抗训练，在考虑障碍设置队与障碍排除队的编成时，应根据对抗课题性质合理确定双方编成，注意使两个队的兵力规模、武器装备数质量、机动力、作业力大体相当，训练基础和官兵素质差距不大，特别要注意挑选精明强干、善于斗智斗勇的分队指挥员充当两个对抗实体的主将。

对抗双方取胜概率能否均等，取决于主客观条件的综合作用。主观条件是指两个对抗实体指挥员的综合素质和指挥艺术，以及分队官兵的战斗素养；客观条件是指对抗双方的战斗实力。在编组两个对抗实体时，应主要考虑双方的客观条件是否相当，以激励双方主观能动作用的充分发挥。在兵力规模、武器装备相当的条件下，就有了取胜概率相对均等的基础，谁要战胜对方，必须通过双方指挥员主观能动性的充分发挥，正如毛泽东同志所说："战争就是两军指挥员以军力财力等项物质基础作地盘，互争优势和主动的主观能力的竞赛。竞赛结果，有胜有败，除了客观物质条件的比较外，胜者必由于主观指挥的正确，败者必由于主观指挥的错误。"有时为了研练以劣胜优、以弱胜强的战法，也可在对抗双方之间有意造成一种优劣、强弱不均状态，但训练的组织者必须采取一些相应措施，使劣势、弱小一方多占天时、地利、人和诸因素的有利条件，在总体设计上，仍应使取胜概率达到相对均衡。

在组织红红对抗训练时，因双方编制装备相同，如天时、地利条件和人和因素相当，就必须根据对抗课题性质合理确定双方编成。但通常两个对抗实体的战斗编成应上挂一至两级，主要是为了使指挥员在对抗实施中，不仅知道本部队、分队的作战实力，而且也能清楚地了解合成军队上级的作战实力及可能给予本级的加强和支援。此外，两个对抗实体的力量编成应尽可能全面，以充分检验双方技战术水平。例如，研练敌我攻防战斗背景下的工兵分队行动时，为了能使主要的专业分队都能得到锻炼，可将道路、桥梁和地爆分队编成混编连，在此基础上，依据具体的对抗内容，如设障与破障，合理编组破（设）障组、火力组、侦察组等若干个班（组），并注意使两个对抗实体的武器装备数质量、机动力、作业力大体相当。

在组织红蓝对抗训练时，应根据不同课题的性质、不同的作战对象，以及我军战略方针、合同（联合）战役战术原则，结合工程兵未来作战行动实际，合理确定双方兵力编成。通常，应坚持立足于与强敌作战开展红蓝对抗训练。此时，在编制装备"蓝优红劣"的情况下，应按战役战术原则从兵力的构成方面给红方以更多的加强和支援，让双方在客观条件的综合衡量上达到相对均衡，还应声明："蓝优红劣"是客观的，我们就是要通过实际对抗，研练以劣胜优的战法。在确定蓝军作战编成时，对其兵力兵器的设想应坚持"两个原则"：一是对蓝军兵力兵器的设想，应坚持"就优不就劣"的原则，比如某国家军队陆军编制有重装师（装甲师、机步师）和轻装师（轻型步兵师），当以其为假设作战对象时，蓝军的战斗编成一般应按重装师设想；二是对蓝军兵力兵器数量的设想，应坚持"就高不就低"的原则，比如某国家陆军部队的步兵旅，按其加强原则，一般可得到数个工兵连的加强，在确定蓝军作战编成时，一般应按其最大加强来设想，以体现其作战编组的合成化和武器装备的高技术化，增大对抗训练的难度，促使我方指挥员积极研究以劣势装备战胜优势装备之敌的新战法。如研练"红军摩步师与蓝军机步团攻防战斗"下的工兵分队行动时，应充分考虑到工程兵在遂行任务时不仅会受到敌工程手段的阻抗，还将受到敌航空兵、炮兵及导弹等各种火力的打击因素，双方工兵力量可采取红军工兵营对蓝军加强工兵连的作战编成。

四、营造对抗态势随机生成对抗焦点

对抗训练最基本的特征，就是两个互相独立的对抗实体，在导演机构的统一导调下，互为对手，相互抗争、相互制约地开展对抗行动，互为条件地随机生成对抗态势，不断生成激烈的矛盾冲突，从而推动对抗进程复杂多变地、胜负结局难以预料地向前发展。能否不断地生成、随机地捕捉一连串的对抗焦点，是决定对抗过程能否深入发展的关键因素。在组织工程兵部队对抗训练时，导调人员要注意做到以下几点：

（1）在对抗态势上制造对抗焦点。对抗的初始态势，可通过基本想定促成，对抗行动一旦展开，则要善于运用前次对抗结果，随机生成下次对抗态势，使对抗过程高潮迭起，不断制造新的对抗焦点。

（2）在对抗过程调控上制造对抗焦点。导演部在对抗过程中不能袒护任何一方，也不能预先确定谁胜谁负，并真实反馈、公正裁决对抗双方形成的对抗结果，使对抗双方保持高昂的斗志。对抗开始前，导演部可通过态势通报，给红蓝双方提供作业条件，使两军摆开阵势，形成对垒。对抗过程中，主要是对抗双方的相互抗争，形成不断加剧的矛盾冲突。期间，导演部可因势利导，为双方提供若明若暗、真伪并存的情况，为随机生成下一次的对抗态势、制造新的矛盾问题提供条件。

（3）随机捕捉新的对抗焦点。工程兵专业战术对抗训练中，组织战斗阶段的对抗，通常是按照想定给出的条件按计划实施的。战斗实施阶段的对抗，大多数情况下是随机的、无计划的，如果导演部不能随机导调，可能会出现对抗的僵局与胶着状态。对抗双方难以形成新的对抗矛盾焦点时，导演部可通过判定某方行动的有效或无效、成功或失败、积分多或少，造成对抗双方新的主动或被动地位，随机生成新的对抗态势，形成新的对抗焦点。要使前次对抗结果，直接生成下次对抗态势，导演部务必根据下个对抗回合和训练问题的要求，通过裁判人员充当上级或友邻等多种身份，诱导补充前次对抗的最终结果，为下个对抗回合和训练问题奠定较为完善的对抗基础。

五、加强条件建设营造逼真对抗环境

工程兵对抗训练是工程兵专业技术训练和专业战术训练的高级阶段，应当建立在官兵具备一定的专业技术战术素养，部队拥有开展对抗训练的装备器材和训练设施场地，并具有一定的组织对抗训练的人才、参考资料和实践经验基础之上。为此，必须加强对抗条件建设。

（1）着力提高官兵和分队的技战术素养。工程兵专业战术对抗训练的参训对象，多处于战术入门阶段，训练起点比较低。因此，在组织专业战术对抗训练时，必须按先基础后应用、先分段作业后连贯作业、先军官培训后实兵演练的步骤展开。工程兵专业技术对抗训练，应在参训对象熟练掌握专业技术理论知识和操作、使用技能的基础上，达成生成和提高专业技术战场综合应用能力的目的。

（2）精心构设逼真的对抗环境。选择对抗训练地形，要结合作战任务，针对训练课题，力求从地形特征、天文气象到交通状况都比较接近预定作战地区的地理环境；要兼顾各种战术背景条件下机动与反机动、侦察与反侦察、袭扰与反袭扰等各个方面和各种手段的运用；要注重解决多种作战样式下的工程保障重点难点问题，通过选择个别典型的、有代表性的训练问题进行重点研究，培养部（分）队在多种战场环境下的对抗观念。

（3）尽力培训形神兼备的模拟蓝军分队。建强用好模拟蓝军分队是开展工程兵专业战术对抗训练的一个发展方向。为此，模拟蓝军分队建设，应瞄准既要在编制装备、兵力部署、阵地编成、工事构筑、障碍设置等外在特征上达到"形"似，更要在作战原则、战术手段、指挥程序、作战特点等内在特征上达到"神"似的目标，着力提高模拟分队的"仿真度"。

第六章　着重加强工程兵对抗
训练课题设计

推进工程兵对抗训练深入发展，必须把训练课题的设计作为关键环节和主要突破口，在"设什么、怎么设"的问题上打牢对抗训练发展的基石。当前，工程兵部队开展对抗训练，不应生硬地去套用过往的对抗训练内容成果，以及其他兵种对抗训练内容，而应是在充分认清兵种对抗特点的基础上，把工程兵部队按纲施训与对抗训练有机结合起来，科学设置适应遂行作战工程保障能力生成需要的对抗训练课题内容。为此，我们以全军实战化训练改革为牵引，紧密结合工程兵使命任务和专业特点，坚持在继承中发展，在研究中创新，积极探索对抗训练特点规律，寻求优化工程兵对抗训练课题设计的对策思路。

一、工程兵对抗训练课题设计的基本要求

构设工程兵对抗训练内容，除要遵循对抗训练内容设置的一般要求外，还必须做到围绕任务，紧贴实战，充分结合兵种专业特点，科学设置对抗内容。我们认为，在构设工程兵对抗训练内容时，应把握好以下要求：与使命任务紧密结合，与专业特点相吻合，与基础训练有机衔接。

（一）与使命任务紧密结合

"练为战"是部队训练的最终目的，对抗训练"训什么"应由作战任务确定。工程兵部（分）队组织开展对抗训练，必须紧密结合使命任务，增强训练内容的针对性。

为此，工程兵部队在对抗训练内容设置上，应突出实案化的对抗训练内容。所谓实案化的对抗训练内容，就是对抗训练内容向部队担负的使命任务靠拢，根据各个战略方向部队担负的典型作战任务选设对抗训练课题，针对不同层次受训对象层层分解对抗训练内容，使工程兵部（分）队各级指战员通过实案化的对抗训练，既掌握部队遂行作战任务的基本程序方法，又熟悉本部队的作战任务、行动特点和战法运用，提高指挥本级部（分）队遂行使命任务的能力。首先，应紧密结合现实安全威胁，选择典型战略方向设置对抗训练课题。如可选择渡海登岛作战和高寒山地边境反击作战典型课题，紧贴工程兵部队作战预案，组织官兵在作战对手明确、作战任务具体、作战环境逼真的想定背景下开展实战化对抗训练。其次，应在联合作战背景下设置多层级、多课题对抗训练内容。目的是依托主要作战方向的作战行动，构设联合作战背景，在同一想定牵引下按照作战实际进程，进行多课题并行展开、多层级指战员协同动作、多要素整体联动、全过程昼夜连续实施的对抗演练，使官兵在超强度超极限条件下经受历练，切实提高工程兵部（分）队实战化条件下的技战术水平和谋略运用能力。

（二）与专业特点相吻合

工程兵是专业技术保障兵种，按照工程保障的技术门类编制专业部（分）队，其在遂行作战工程保障任务行动中面对的作战对手和威胁是多样的，作战行动具有间接对抗性、多层配属性和技术密集性特点。构设工程兵对抗训练内容，必须充分考虑兵种专业的特点。

在工程兵部队对抗训练中，专业技术对抗训练有着基础性的地位，这是因为，专业战术对抗训练的内容，往往是由数个甚至数十个技术对抗内容构成的，且工程兵专业战术对抗训练成效的提高，主要依托技术对抗的质量效益。反映在作战中就是，工程兵部（分）队主要依托爆破、架桥、构筑指挥所、架设掩盖遮障等技术作业，遂行机动、反机动工程保障任务，并以工程技术手段遂行战斗任务，作战行动的技术密集程度高，作战行动的对抗性往往通过技术对抗的方式间接地体现出来。因此，工程兵部队在构设对抗训练内容时，应围绕上述特点合理选择那些能够"对得起来、抗得下去"的技战术训练内容，充分体现对抗内容的适用性。例如，信息化战争中，信息传递实时精准，精确打击武器的广泛运用，使被发现即意味着被摧毁成为可能，侦察与伪装的重要性更加凸显。工程兵编成内的专业伪装力量，可与工程兵或其他军兵种的侦察分队展开"侦察与伪装"对抗，从而检验实际效果，改进问题和不足。再如，随着武器装备火力、射程、精度的不断增强，防护的重要性也得到了同等的提升，与此同时，近距离、有针对性的爆破也是有效杀伤敌人的重要手段之一。工程兵部（分）队可通过组织筑城分队与爆破分队开展"防护与爆破"对抗训练，有效提高攻防双方的实际作战工程保障能力。

（三）与基础训练有机衔接

对抗训练是部队组训形式的高级阶段，其内容设置应与各层级基础训练内容有机衔接，做到向年度军事训练的各个层次和各个阶段渗透，充分体现训练内容的递进性。

为此，在单兵技能训练基础上，应着眼丰富单兵训练方法，提高单兵训练积极性，促进单兵技能向能力转化，积极开展单兵互为条件的对抗训练。例如，在组织单兵作战必需的"观、动、打、炸、防"等基本能力训练时，可互为条件搞对抗；在组织单兵地雷埋设与排除等专业共同技术课目训练时，也应互为条件搞对抗；在分队专业技术训练基础上，可在各专业分队临时训练编组之间，构设专业技术对抗训练内容，实现人员专业技术由熟练操作使用向应用能力的有效转化；在分队专业战术训练基础上，应精设专业战术对抗训练内容，着力提高分队战术训练的实战化水平，提高分队独立遂行工程保障任务的能力；在综合演练阶段，可在连排规模对抗训练的基础上，围绕营级作战单元的工程侦察、通信联络、分队行动、战场工程保障等综合能力，合理设置对抗训练内容，在生疏地形上组织对抗训练连贯作业，锻炼提高营综合演练的训练质量；在首长机关专业训练基础上，可以应急作战为背景，结合部队担负的作战任务，着眼信息化条件下作战特点，设计指挥对抗演练课题，着力论证和检验所担负作战任务的基本战法，熟悉未来战场环境和掌握作战组织指挥程序，提高首长机关作战指挥能力和部门协同能力。

二、着眼专业特点设计专业技术对抗训练课题

长期以来，以单方训练的形式开展工程兵专业技术训练一直占主导地位，对抗训练所占比例甚小，且在对抗训练的组织上存在误区。主要表现为过分强调红蓝对抗，认为开展红红对抗训练没有意义，而工程兵作为单一保障兵种，组织开展红蓝对抗训练的局限性较大，因此将对抗训练束之高阁。我们认为，上述认识严重制约了工程兵专业技术对抗训练内容的创新发展，应该积极

破除。原因如下：

（1）从专业技术的角度讲，工程兵遂行工程保障任务，多是运用工程手段改造地形，利用地形克服自然障碍和人工障碍。需克服的人工障碍，包括被敌破坏的道路、桥梁，或敌布设的阻绝壕、轨条砦、铁丝网、三角锥等；需克服的自然障碍，包括江河、沟渠等。

（2）从克服人为障碍物看，以抢修道路为例，不论是抢修被敌炮弹破坏的道路，还是抢修被敌航弹破坏的道路，工程兵能否完成抢修道路任务，并不主要取决于道路被敌方什么性质的武器造成了什么样的破坏，而主要取决于自身专业技术是否过硬；从克服自然障碍物看，不论是我军地域内的河流、沟渠等，还是敌军地域内的河流、沟渠等，单从工程兵专业技术运用的角度讲，两者并无实质性区别。

因此，开展工程兵专业技术对抗训练，可以红红对抗的形式巩固专业技术训练效果，促进人与武器装备的有机结合，并实现个人、班组专业技能向整体作战能力的转化。

基于上述认识，我们认为构设工程兵专业技术对抗训练内容，可依托红红对抗形式，在诸多的工程兵专业技术训练课目中，找到互为条件、相互制约的课目构成若干组专业技术对抗内容，并通过设置一定的战场背景，在作业时限和质量评判等方面，互为对手地开展竞争制约性训练。

从单兵专业技术训练层面看，工程兵的单兵专业技术训练，多集中在装备器材的操作使用及维护保养和简易的工程作业上，课目性质往往难以构成对抗条件。单兵对抗训练虽少，但仍有可供开展的训练课目。依据现行军事训练与考核大纲，在专业共同训练阶段，可设置机械故障设置与排除、地雷埋设与撤除单兵对抗训练；侦察分队在专业技术训练阶段，可设置人员隐蔽与侦察单兵对抗训练等。从分队专业技术训练层面看，工程兵分队专业技术对抗训练内容的设置，应选择能够成对抗条件的分队技术训练科目进行优化组合。例如，防步兵筑城障碍物、防坦克筑城障碍物、防登陆筑城障碍物等专业技术训练课目，与筑城障碍物和工事的爆破课目，通过优化组合，构成多个不同内容的筑城障碍物设置与爆破作业对抗训练课题。需要强调的是，专业技术对抗训练课题的设置不应局限于单一专业分队内，各专业分队间如有可构成对抗条件的技术科目，应进行跨建制的组合，创造条件设置对抗训练课题。以工兵专业分队为例，地爆分队可独立设置筑城障碍物的设置与爆破对抗训练作业；道路分队与地爆分队可共同设置道路（桥梁）的爆破与抢修对抗训练作业等。

三、围绕作战运用设计分队专业战术对抗训练课题

开展专业战术对抗训练，对于提高工程兵部（分）队遂行作战工程保障任务的行动能力具有重要意义。但作为单一保障兵种，工程兵开展兵种内专业战术训练活动，既没有保障对象，也缺少实际对手和近似实战的对抗环境。如何设置专业战术对抗训练课题，如何开展工程兵专业战术对抗训练也就成了困扰部队官兵的难题。我们认为在全军各军兵种对抗训练深入发展的大背景下，必须积极破除"不能训"的认识误区，在充分认清工程兵作战运用特点的基础上，切实找准能够"对得起来、抗得下去"的工程兵专业战术对抗训练内容。研究中，结合敌我体系对抗、整体对抗的作战背景，工程兵专业战术对抗具有以下特点：

一是对抗主体具有非对应性。在主战兵种的战术对抗训练中，对抗双方均以相应兵种部队为对抗主体，构成直接对抗关系。而工程兵的专业战术对抗训练，红军的主体是工程兵部

（分）队，而蓝军的主体往往是合成（联合）作战力量，红军工程兵与蓝军工程兵通常不构成直接对抗关系。

二是对抗内容具有技战术融合性。主战兵种的战术对抗训练，在对抗内容上主要体现为对抗双方作战筹划和具体战法的抗争，例如，通过侦察与反侦察、冲击与反冲击、穿插与反穿插，集中反映为双方指挥员的斗智斗勇和对抗实体的战斗意志和整体作战实力。与之相比，工程兵部队的专业战术对抗训练是技术、战术训练内容高度融合的对抗，往往通过工程技术手段实现战术对抗的目的。如机动工程保障队与障碍设置队的战术对抗作业，离开了伪装与侦察、设障与破障等技术对抗作业的支撑，就变成了徒具空壳的程序化摆练。

三是对抗态势生成具有合成性。工程兵的专业战术对抗训练，离不开合同（联合）作战的大背景。例如，在机动工程保障队的行动与障碍设置队的行动对抗训练中，开辟通路时机的确定、手段的选择是由敌情、地形和主战兵种的行动进程所决定的，不可一厢情愿地贸然行事。

基于上述认识，我们认为：虽然专业战术训练是兵种内自训，但工程兵部（分）队可着眼于两个或多个具有相互制约关系行动的课题，互为对手、互为条件地展开对抗行动。其要义是：精心选择矛盾焦点，用一条能够促进矛盾激化的发展主线，串联出具有若干个对抗回合的训练课题，进而通过对抗的方式，切实提高工程兵部（分）队遂行作战工程保障任务的能力。这就要求对抗训练的组织者，在筹划工程兵专业战术对抗训练时，要精心设计对抗方案，其中要把注意力放在具有矛盾主线、冲突焦点和相互制约的对抗课题和内容上，为对抗双方指挥员和参训官兵提供斗智斗勇的广阔空间。例如，在"障碍设置队与障碍排除队行动"战斗编组对抗训练课题中，可以设障与破障为矛盾主线，相互关联地构设"组织防护与秘密排障""严密封锁与强行破障""封闭通路与反复开辟"等对抗内容，并在每一训练内容中设置多个对抗回合。如"封闭通路与反复开辟"训练内容，第一个对抗回合可设置蓝军为了封闭红军已开辟的通路，实施了利用火箭布雷系统快速布撒地雷的行动；红军利用火箭扫雷车、火箭爆破器，实施了在蓝军地雷场中快速开辟通路的行动；第二个对抗回合，蓝军为了破坏红军开辟通路的行动，起爆预先设置的装药。开设阻绝壕，红军使用机械化架桥车和防坦克壕爆破器，克服蓝军开设的防坦克壕；蓝军则采取"阵前兵力阻""炮火压制"等手段抗击红军破障行动，等等，在设障与破障这条矛盾主线的串联下，构成一个个对抗回合上下衔接、环环相扣的对抗进程。而相关的"接近与反接近"的对抗训练内容，工程兵部（分）队可能形成的对抗焦点就比较少，而且容易喧宾夺主，冲淡工程兵对抗行动的特点。在选择对抗内容时，除要关注矛盾冲突的数量，还应注意每个矛盾冲突上可形成对抗回合的数量，只有满足了这两项指标的内容，才是最佳对抗内容。

在具体组织对抗训练时，以上课题应结合部队担负的使命任务实施，反映在课题名称上就是要嵌入作战背景和对抗双方的作战编成。例如，"红军集团军山地进攻战役工兵团遂行机动工程保障任务与蓝军步兵师山地防御反机动行动"，可演练蓝军侦察、破坏与红军反侦察、反破坏，蓝军阻绝与红军反阻绝等多个对抗回合。再如，"红军加强摩步团山地进攻战斗障碍排除队行动与蓝军步兵营山地防御战斗反破障行动"，可演练蓝军防护与红军秘密排障、蓝军封锁与红军强行破障、蓝军封闭道路与红军反复开辟等多个对抗回合。

四、基于信息系统设计首长机关指挥对抗训练课题

信息化条件下作战，指挥对抗贯穿作战全过程。工程兵部队必须着眼信息化条件下作战需求，充分发挥信息技术的主导作用，围绕信息化条件下的作战理念、作战方式、作战行动构设指挥对抗训练内容，并通过指挥对抗训练，生成、保持和提高基于信息系统的作战指挥能力。

"仗怎么打兵就怎么练"。我们认为：规范工程兵部队首长机关基于信息系统指挥对抗训练内容，应紧紧围绕指控系统作战运用特点规律，围绕搜集掌握情报、分析判断情况、分布交互决策、定下作战决心、进行情况处置、组织要素协同等关键环节，突出指挥控制能力、谋略运用能力和装备操作技能设置对抗训练内容。在指挥控制能力训练中，应重点突出收集掌握资料、分析判断情况、定下战斗决心、拟制作战计划、协调控制部队行动等内容的对抗，全面检验双方指挥员及指挥机关作战筹划、指挥控制部队的能力；在谋略运用能力训练中，应重点突出战法研究、临机处置等内容的对抗，使对抗双方熟练掌握工程兵运用原则、使用时机，突发情况的处置程序、方法等；在装备操作技能训练中，应重点突出一体化指挥平台、工程兵野战指挥信息系统等信息化作战平台，北斗定位系统、数字战场地理信息系统、电台等信息化装备的操作使用，全面检验指挥员和指挥机关信息化装备的操作运用能力。

据此，针对指挥控制和谋略运用训练，可考虑设置如下对抗训练课题：

（1）作战决心对抗课题。训练中，可采取人机结合的方式，对攻防决心进行综合对比，评判决心的科学性。既要结合战场环

境、作战对手、作战力量及作战原则，评判作战企图、兵力部署和战法运用是否符合信息化条件下攻防作战的基本要求，也要结合攻防双方作战决心，具体衡量作战对手决心的有效性。

（2）情况处置对抗课题。训练中，重点围绕兵力投送、展开部署阶段的临机情况处置内容进行对抗。实施中，可结合具体作战阶段，由一方设置情况，另一方进行临机处置，检验情况设置的合理性和处置方法的科学性。也可集中在某一时间，由对抗双方根据实际作战态势，并行设情，同时处置，增强对抗内容的复杂性。

（3）谋略运用对抗课题。通过分析判断情况、决策指挥行动、摆兵布阵交战和战法选择运用等内容的训练，锻炼提高各级首长机关的谋略运用水平。

针对装备操作技能训练，可考虑设置如下对抗训练课题：

（1）电磁干扰与抗干扰对抗课题。

（2）情报侦察与反侦察对抗课题。

此外，除针对指挥控制能力、谋略运用能力和装备操作技能构设相应对抗训练内容外，还应构设将上述三种能力有机融合的多课目联动、多能力综合的对抗训练课题。此类课题，可结合首长机关要素演练、部队演习活动，设置信息化条件下的联合作战背景和复杂电磁环境，构建"侦—控—保—评"于一体的实战化检验指挥对抗训练内容。

第七章 不断完善工程兵对抗
训练条件建设

随着高技术战争战场环境日趋复杂，对抗训练的深化发展对保障条件提出了更高要求。完善、配套、现代化的训练保障条件已成为推动对抗训练在更高层次上发展的必要条件，已成为影响对抗训练质量效益的重要因素。为此，要使工程兵对抗训练具有较高的实战模拟性，就必须注重立足现有条件，着眼可能发展，加强对抗训练条件建设。

一、设置逼真的战场环境

设置逼真的战场环境总体上应做到：一要选好场地与改造地形相结合。一方面，训练课题都是在特定的地形基础之上实施的，不同的对抗训练课题对地形条件有不同的要求，所运用的战法也有很大差别。因此，训练场地必须满足对抗课题要求，紧贴实战需要。另一方面，训练要体现复杂电磁环境下作战特点，必须对地形环境进行有效改造，使其贴近实战背景，突出战场特点。比如，可以通过改造训练场地某些地形特征，设置复杂电磁环境下可能出现的障碍工事、火力点、传感器等目标。二要积极构设战场复杂电磁环境。首先，应注重协调上级有关电子对抗力量，运用通信和电子干扰装备，通过抵近配置、等效模拟、频率限制、同频干扰等方法构设复杂电磁环境。实际运用中，现有的及与上级协调的电子对抗设备，可由导演部集中使用，为对抗双方构设相同的电磁环境，使红蓝双方在对等的条件下斗智斗勇；也可将大部分电子对抗装备配属给蓝军使用，重点演练红军；还可将电子对抗设备均等地配属给红蓝双方，使双方自主运用电子对抗设备进行自主侦察、干扰，在双方对抗行动中形成复杂电磁环境。其次，可采用以少代多的方法，构设复杂电磁环境，就是针对目前工程兵部队电磁干扰装备和设备不足、难以在较大范围内构建复杂电磁环境的实际，将一定数量的用频装备密集配置于一个预定区域，大幅增强区域内电磁辐射源密度，提高区域内电磁背景噪声和干扰信号强度，在一定区域内构设起近似复杂的电磁环境。

没有逼真交战的特定训练环境，官兵就难以进入典型情景和特定角色，实战化对抗训练就会成为"空中楼阁"。目前，一些工程兵部队的作战工程保障任务已经基本明确，组织对抗训练时就应该想方设法把战场环境设真、设实。

（一）构设符合实战要求的专业技术对抗训练场地条件

1. 选择贴近野战的复杂陌生地形条件

在构设专业技术对抗训练环境时，要充分考虑自然环境的特殊性、恶劣性、残酷性，坚持把参演部队置于恶劣的气候条件和生疏条件下摔打锤炼，要按照未来作战的实际地形、地貌特征和位置关系，尽量选择与实战相似相近的生疏地域，根据需要可增设敌火力工事、障碍体系等，进行实兵、实装、实距离的专业技术对抗训练，提高部队官兵和专业技术装备在不同天候、地形条件下作战的适应能力。如构设道路爆破与抢修作业专业技术对抗训练环境时，可从野外选择一些沟坎较多的就便道路，组织对抗训练双方"真爆实抢"的对抗。再如工兵破障专业分队在参与渡海登岛直前破障对抗训练时，应搞透遂行破障作业时特定登陆地段的战场环境，尽量选择相近的海滩地形，按敌阵地配置原则布设逼真的工事和障碍体系，开展对抗训练时还要考虑天候、潮汐、敌情威胁等因素，在近似实战的环境条件下锻炼部队，提高其实战能力。

2. 挖潜改造现有专业技术对抗训练场地

对工程兵现有的专业技术训练场地，应在保证部队专业技术训练正常开展的前提下，积极加以挖潜改造，使其符合开展专业技术对抗训练的条件标准。为增强专业技术训练场的使用效益，应重新对其进行规划设计，将训练场地区分为专业技术基础训练场地和专业技术对抗训练场地，对于已构设过于制式化、标准化的场地条件，可专门用于开展专业技术基础训练，夯实官兵的专业技能基础，对于开展专业技术对抗训练所需的场地条件，不做预先处理、固化处理，对已构置的影响训练实效的场地条件要按照实战要求进行改造，该推倒的推倒，该消除的消除，真正做到从难从严训练，绝不人为降低训练的难度强度，从而增强官兵的战场适应能力。在开辟的工程兵专业技术对抗训练场地中，可根据训练场地的规模大小以及专业分队对抗性质和任务的不同，条件允许时可再细分为道路爆破与抢修作业对抗训练场、桥梁架设与工程破袭作业对抗训练场、筑城障碍物设置与爆破作业对抗训练场、指挥所伪装与侦察对抗训练场、地雷障碍物的设置与排除对抗训练场、混合障碍场的设置与开辟通路对抗训练场、防护与爆破作业对抗训练场、人员隐蔽与侦察单兵对抗训练场、地雷埋设与撤除单兵对抗训练场等，分别构设开展相应对抗训练所需的场地条件，训练场地规模条件不允许时可构设综合的专业技术对抗训练场，轮流组织各专业分队实施对抗训练。

（二）多点预设专业战术行动对抗训练场地

1. 利用基地优质训练资源创设专业战术行动对抗训练场地

训练基地具有地形条件复杂、任务功能齐全、承训能力充足等特点，地幅较为广阔，部（分）队开展训练所需的配置地域、机动距离、展开地域、作业地域均能满足战术的需要，阵地工事构筑和战场要素相对较全。近年来，各类军事训练基地按照"体系化设计、标准化建设、精细化管理、集约化保障、开放式使用"的思路突出抓好了建设和升级改造工作，可为组织开展工程兵对抗训练提供较好的环境条件。工程兵部队应强化"以联合训练为引领"的理念，借助联合加强自身，充分利用联合训练打造的训练环境条件来摔打磨砺部队。工程兵可在上级统筹安排下，组织部队有序进入大型战术训练基地，充分利用基地联合训练所创造的复杂电磁环境，利用联合训练打造的战场态势，利用训练基地的设施条件，并进行适当的技术改造，在近似实战环境条件下开展实兵对抗训练，使工程兵部队官兵在逼真交战环境下感知实战环境，感受实战压力，经受近似实战锻炼。如在朱日和训练基地开展的对抗演练中，就按照实战的要求创设了对抗训练的环境条件，由于充当模拟蓝军的某旅对基地的环境条件非常熟悉，而与其对抗的几个旅对基地陌生的训练环境则不能够完全适应，致使很多红方旅吃了败仗。这个结果虽令人震惊，但也从另一个侧面说明了将部队拉到复杂的基地训练环境中进行对抗训练很有必要。未来作战我军工程兵可能要深入到复杂陌生的地形环境条件下去遂行作战工程保障任务，如果不增强这方面的适应训练就很难有效发挥作战工程保障作用。我们工程兵可以利用参与联合（合同）对抗训练的契机，借助基地的优质训练资源创设专业战术行动对抗训练场地，并采取措施积极有效地融入到整个对抗训

75

练进程之中，这样才能最大限度地提升作战工程保障能力。

2. 与地方政府协调预设符合野战条件的专业战术对抗训练场地

为强化复杂陌生地形条件下训练，工程兵部队应按"四个临机"要求开展战术对抗训练，做到不提前勘察地形，不为降低对抗训练难度而对地形进行预先改造，在保持训练场原始特征的基础上，可增设必要的阵地配套设施，努力提高部队快速反应能力和对抗训练的野战化、实战化水平。考虑到地方拥有许多能用于部队开展战术对抗训练的环境资源，因此，可与地方政府积极加强协调沟通，利用地方尚未开发利用、符合野战训练要求的环境资源，为每支工程兵部队提前指定 3~5 个临机训练场，使部队每年在不同的训练场地随机开展战术对抗训练活动，从而切实提高复杂陌生的地形条件下遂行作战工程保障任务的能力。如可利用地方河流，结合战场预设渡场所需的河幅、水深、流速、岸坡地形等作业条件，为舟桥部（分）队选定符合野战要求的渡河训练场地。某工兵团就结合自身担负的抗震救灾任务，租借了临近营区的地方闲置土地资源，根据抗震救灾中各种可能面对的险情开设了相应的抗震救灾应急训练场，较好地提高了部队遂行抗震救灾任务的能力。这一点可以为工程兵开展专业战术对抗训练提供很好的参考借鉴，我们可以依据工程兵专业战术对抗训练性质的不同，与地方政府沟通协调，选定适应开展专业战术对抗训练所需的场地条件，在对地物地貌不做重大改造的前提下，积极构设战术对抗训练所需的环境条件，以提高工程兵部队作战工程保障能力。

3. 紧贴预设战场环境对现有战术训练场地进行改造

当前，工程兵部（分）队依托现有战术训练场地开展对抗训练时，训练环境设置普遍缺乏针对性、真实性和对抗性，必须对战术训练场地进行实战化改造。一是要瞄准作战对手改造场地。

要充分考虑未来联合作战的战场实际，改造战术训练场地的阵地工事、障碍体系、战场要素等条件，使之与未来实际作战地域环境条件相似，增强官兵的战场适应力。组织机动工程保障队行动与工程设障队行动对抗训练时，可在其战术训练场中构设与敌前沿阵地地形相近的水际滩头，按照作战对手布设障碍的原则布设障碍、工事体系，以增强对抗训练的针对性。组织布设雷场行动与开辟通路行动对抗训练时，可在战术训练场中构设地形相近的道路，按照作战进程的可能发展以及敌情威胁程度的高低，分别构设配套的障碍、工事等，组织部队进行隐蔽开设通路、强行开设通路、反复布雷反复抢通等对抗训练。二是要贴合工程兵特点进行改造。工程兵由于其专业种类多，从组织专业战术对抗训练的实际看，构筑维护急造军路行动与工程破袭行动对抗训练、架设维护桥梁行动与工程破袭行动对抗训练、构筑维护门浮桥渡场行动与袭扰分队行动对抗训练、工程设障队行动与工程破障队行动对抗训练、工程伪装队行动与工程侦察队行动对抗训练、构筑维护指挥所行动与工程情报侦察行动对抗训练等是工程兵能够实施专业战术对抗训练的主要内容，但各种对抗训练的对抗激烈程度又不尽相同，各专业战术对抗训练对训练场地的要求又不太一样，因此，工程兵要坚持"综合集成、统筹兼顾"的原则对战术训练场地进行改造，既要保障主要专业有足够训练场地，又要保障其他专业有地可训，努力使训练场地的条件更加危险、训练难度更大、地形更加复杂。三是积极构设僵局、危局、险局、残局、败局等战场态势。要紧贴联合作战进程可能发展和趋势，着眼与强敌对抗、着眼快节奏行动、着眼复杂的战斗编成、着眼广阔空间作战，精心设计对抗训练企图立案构想、精心选择对抗演练内容，多设想一些诸如保障意图被敌发现、直面敌火力威胁、人员伤亡较大、装备器材损毁严重等战场险情，"逼迫"工程兵

77

部队积极利用隐真示假等工程措施主动开展伪装与敌侦察展开对抗，利用防护技术手段与敌打击展开对抗，利用破障技术手段与敌设障展开对抗，在立体的战场环境、多变的战场情况、复杂的战场态势下磨砺部队。如在直前破障与设障对抗训练中，可以采取多设暗堡、火力点的措施，以增强对抗训练的激烈程度，锻炼对抗训练双方的真实作战能力。

（三）塑造虚实结合的对抗训练作战对手

1. 利用网络系统虚拟创设对抗训练作战对手

为破解工程兵对抗训练中联合背景难构设、敌作战体系难构建等难题，真正使参与对抗训练的官兵真实感受战场的威胁，可考虑在工程兵对抗训练中引入计算机模拟兵棋对抗训练系统，大力推开网络对抗训练方式，运用模拟仿真技术，开展装备模拟、技术模拟、场景模拟，通过计算机模拟构建敌军作战体系，运用网络、激光、传感等先进技术手段，综合构建逼真的战场环境，即时显示敌我双方行动和战斗进程，使受训者真实体验各种困境、危境、绝境等实战境况，在近似实战的虚拟环境中"练指挥、练战法"，在复杂困难条件下锻炼提高分队指挥员的行动筹划、应急情况处置和协调控制能力。如"砺刃"指挥对抗演练中，原石家庄陆军指挥学院依托专家教员和研究生学员组建了蓝军守备旅的首脑机关，并且自主研发了陆军合同（联合）作战实验系统，在演练中虚拟构设了蓝军作战体系、力量运用等，可在系统保障人员的操作下，根据作战进程适时生成蓝军作战方案，红军可在环路中参与实际对抗，也可只提供作战方案实施指挥对抗，工程兵开辟通路与设障等对抗训练内容已经成功融入到这套实验系统之中，这很好地解决工程兵开展对抗训练作战对手难以创设的现实问题，将使参与对抗训练演练的部队都得到较大程度的锻炼。

2. 依托合同（联合）训练基地建设形神兼备的专业模拟蓝军

充分借鉴外军"假设敌"部队建设的有益做法，按照超前、逼真的原则，以合同（联合）训练基地为依托，有效整合情报、侦察工作的最新成果，采取固定编组、临时编组等多种形式，以作战对手为"蓝本"，着力打造一支形神兼备的专业模拟蓝军，切实把敌人的作战思想、编制装备、作战编组和作战能力等具体问题研深研透，把敌人的作战形态、火力运用、行动样式和应对方法手段构想到对抗态势中，把敌人的阵地编成、兵力配置、火力配系、工事构筑、障碍设置等真实地呈现出来，蓝军分队要名副其实，其攻击毁伤效果得到真实显现，要杜绝敌方一打就跑、我方一打就赢的现象发生。我军工程兵在开展对抗训练时，可借助利用基地训练的时机，在上级的统筹协调下与专业模拟蓝军展开各层面的对抗，充分发挥"强敌"的磨刀石作用，使部队在与"强敌"交战中得到全方位的摔打和锻炼。如依托朱日和训练基地开展的多波次自主对抗演练中，工程兵部队可积极融入合成部队的对抗训练活动，在与模拟蓝军近似实战的对抗中摔打磨练部队，以提高工程兵部队的作战工程保障能力。

二、革新开发对抗训练物资器材

由于对抗训练对器材及相关技术保障的要求比较高，目前工程兵部（分）队的现有训练条件往往难以满足相关要求。为弥补这一不足，一方面，可充分发动广大官兵革新挖潜，活用现有物资器材，同时，还应积极研制开发适应工程兵部队对抗训练发展需要的模拟训练器材，以及导调监控和裁决评估系统等。

一是活用现有器材，搞好"近似替代"。对抗训练中，逼真的战场环境和态势，往往要通过完备的物资器材运用方能达到逼真效果，但当前工程兵部队的对抗训练物资器材普遍比较匮乏，为营造逼真的战场环境，可采取活用现有器材的办法，搞好实战环境和对抗效果的"近似替代"。例如，可革新制作模拟碉堡、模拟障碍物等器材，还可自制蓝军各类军兵种符号标志、各种队旗和队号等，力争在现有条件下，最大程度地满足对抗训练的物资器材保障需要。再例如，可运用音响效果模拟敌军航空兵、炮兵火力突击，步兵火力射击，并以炸点、烟幕、空包弹等显示敌军火力。还如，为了表现蓝军为封锁红军已开辟的通路，可使用火箭布雷车模拟蓝军的火箭布雷系统；为了达到与使用真品相似的效果，可在扫雷模拟落弹区内设置显示炸点，以显示扫雷弹扫雷的效果，等等。

二是大力开发工程兵部队对抗训练模拟仿真器材。从全军对抗训练手段的发展看，模拟化的训练手段的研发与运用已成为军事训练手段现代化的趋势。"近年来，我军加大了模拟训练器材的研制，并将其作为基地对抗演习的重要装备。据有关人士介绍，今后几年，模拟交战器材的配备范围和种类还要加大，以提高对抗演习的难度。"工程兵部队开展对抗训练，在手段运用上无疑应主动适应全军发展趋势，依托科研院所积极研制和运用能够满足团、营甚至是连、排实兵对抗需要的模拟对抗器材，增强训练的对抗性和实战感。

三是研制开发导调监控和裁决评估系统。应广泛运用计算机网络、光纤和微波、激光和无线遥控等技术，采取机动与固定、室外与室内、人工与技术相结合的手段，在训练地域内建设音频监听网、视频监察网、数据监控网，对现地演习和室内作业情况进行实时（近实时）的监控，并与数据处理中心相连；应建立以训练法规为依据，以计算机为基础，以自动控制、评估技术为支撑，与导调监控系统密切相连的评估裁决系统，利用导调技术人员采集和反馈的各类信息，运用研制开发的评估裁决应用软件，采用人机结合、定量与定性结合的方法，对演习中的对抗行动做出实时调控。

三、培训工程兵对抗训练导调队伍

培养过硬的工程兵部队对抗训练导调队伍，应以培养和造就具有全局意识、精通作战理论、熟悉作战对手、了解作战环境、具备丰富科技知识的高素质导调、保障人才，构建以组训教学队伍为骨干，以导调评估、采集监控队伍为主体，以专项保障、综合保障的人才资源结构为目标的工程兵队伍。为此，应积极抓好以下四方面的工作：

一是定向培养与定位使用相结合。所谓"定向培养"，就是从机关、分队抽调少数素质高、能力强的人员，利用训练预备期等时机，在完成本职训练任务的前提下，集中组织系统学习红蓝军分队战术训练教程、教材和对抗训练的有关规定、规则，熟悉战术理论、对抗导调评估原则与方法，以及对抗场地、对抗程序、裁决评估标准，使其成为能裁善导的专业人才。"定位使用"就是这些导调人员平时仍参加部队正常的工作，在战术训练展开前相对集中，利用一周左右时间，集中强化训练，熟悉本年度对抗训练任务，研究制定对抗训练方案计划，完成身份的快速转换。

二是临时机构与长效机制相结合。将导调人才培养纳入部队军事人才培养的总体计划，每年有计划、有重点地培养一定数量的骨干人才，发挥好他们的传、帮、带作用，利用分队军官集中训练的时机，传授对抗训练导调的相关内容，如此滚动发展，保持导调队伍综合素质相对稳定，确保对抗训练组织的连贯性和质量的稳定性。

三是部队培养与基地培训相结合。选择就近的训练基地，每年选派军官到基地的导调部门跟训见学，实践锻炼，积累经验，为部（分）队全面开展对抗训练提供人才支持。

四是导调培训和模拟分队训练相结合。适量增加部分拟培养的导调人员，并增设导调相关的学习研究和训练的内容，使模拟分队的军官、骨干成为对抗训练的"多面手"，保证在组织连级以下规模的分队战术对抗训练时，不需进行长时间的导调人员培训，即可组织训练。

四、健全完善工程兵对抗训练法规

健全完善的工程兵对抗训练法规，能够规范对抗训练组织实施、导调、裁决、评估随意性大的问题，从客观上保证工程兵对抗训练的普及推开和健康发展。为此，应着力做好以下几点：

（1）梳理现行对抗训练法规。紧紧围绕组织工程兵对抗训练的特殊要求，对现有对抗训练法规体系进行补充和修订，及时剔除过时的法规条文。各军区要通过制定工程兵对抗训练相关规定，进一步明确各级在组织工程兵对抗训练中的职责和具体的保障办法。

（2）完善对抗训练规章制度。建立健全保障工程兵对抗训练健康发展的一系列规章制度。如对抗训练规划与计划制度、对抗训练任务制度、对抗训练督导考评制度、对抗训练保障制度等，通过完善操作性强、实用有效、成龙配套的规章制度，使工程兵部队的对抗训练从组织计划到具体实施都做到有章可循。

（3）严格规范对抗训练秩序。正规训练是提高部队训练质量的重要举措。建立正规的对抗训练秩序，就是要严格按照训练法规来组织领导和管理对抗训练。为此，必须按照对抗训练法规的基本要求，紧密结合工程兵部队实际，强化法规意识，严格按纲施训，增强执法能力，统一训练思想、内容、时间、标准、制度，科学地组织实施训练，促使工程兵对抗训练正规化、制度化、规范化。

（4）细化合理的裁决标准。制定工程兵对抗训练裁决细则，既要准确详尽、又要符合作战规律，最大限度地体现出模拟实战的对抗态势，准确真实地计算出双方人员伤亡和武器装备的毁伤程度。为此，制定裁决细则时要做到"三性"，即准确性、科学性和操作性。准确性是指，裁决既要有客观的定性分析，更要有精确的数量计算，保证裁决标准、公正、准确、合理；科学性是指，裁决既要着眼于实战需要，又要符合训练实际，使参训者感到有苦头、有难度；操作性是指，裁决把握要点和关节，既要周密细致，又要简洁明了，既要准确衡量双方交战面貌，又要便于评判员掌握执行。

五、逐步形成工程兵对抗训练运行机制

当前工程兵对抗训练运行机制存在的主要问题：一是以联合训练为引领体现不明显。筹划设计工程兵对抗训练时，往往从本兵种训练角度考虑多，从联合训练角度考虑少，使兵种训练与联合训练存在着间断点。例如，工程兵旅（团）指挥所演习课题设定的工程保障群与工程保障队的指挥关系，与联合作战中合成军队作战保障群与各个工程保障队的指挥关系不完全吻合，使得课题训练难以有效融入联合训练之中。二是长期在低层次运行。工程兵对抗训练虽然起步较早，但由于单一兵种作战成分不全，多

采取技术措施进行建制分队之间的对抗，有时使用蓝军分队也仅能起到情况诱导作用，对抗的激烈程度偏低，目前仍在低层次徘徊。现有少量的对抗性训练课题，也只是"与自己对""理想化抗"，推进对抗性训练的长效机制尚未建立起来。三是尚未建立险难课目训练落实责任制。对抗训练课目，由于安全风险高，组织协调难度大，在以往训练中为规避风险，存在着随意降低训练难度强度，随意减少训练兵力时间，训练课题上避重就轻，训练条件上避难就易等问题，落实难度很大。究其原因是训练责任制不够健全，板子打不到具体人身上，导致训难训易一个样、训多训少一个样、训好训坏一个样。四是尚未建立训练风险评估机制。对抗训练风险高难度大，必须加强训练风险评估和安全预想预防。有的部队领导经验式、粗放式抓训练安全管理，在对抗训练的安全风险评估上，仍沿用传统做法，定性分析多、定量分析少，对具体训练课题关键环节的风险评估不够细致，在风险等级认定上不够精准，对事故隐患缺乏敏锐的预测能力，常态化的实战化训练风险评估机制尚未形成。五是跟踪问效机制不够健全。主要表现在：①训练督导不够。深入训练一线检查指导不够，有的到了训练场也往往走马观花、浮在表面，发现不了深层次问题，找不出问题症结所在，使训练督导流于形式；②训练奖惩效果不明显。有的部队重激励轻问责，奖励面过大，反而降低了激励效果；有的部队只奖不惩，官兵缺乏压力和危机感，导致训多训少一个样、训好训坏一个样，不能激活官兵开展对抗训练的内在动力。

为此，形成并完善工程兵对抗训练运行机制应重点做好以下几点：

（一）　以联合训练为引领搞好工程兵对抗训练筹划设计

一是围绕打牢联合训练基础优化对抗训练内容体系。将工程兵在联合作战中的任务转化为具体训练课题，把联合基础训练渗透到对抗训练的各个层次，如把联合技能操作训练融入到工程兵专业技能对抗训练之中。二是围绕有效融入联合训练完善年度对抗训练流程。着眼生成部队的联合作战能力，统筹安排年度对抗训练流程，可考虑把工程兵对抗训练区分为分队整体训练（含带联合作战背景的战术对抗训练）、部队整体训练和联合对抗演习三个阶段。三是围绕提高部队战斗力完善对抗训练资源统筹机制。把联合训练作为配置训练资源的杠杆，加强部队所在联合训练协作区域内的场地、器材和训练环境构设等资源统筹，加强工程兵部队与其他各兵种部队之间的训练协作，避免重复投资、重复建设。如开展复杂电磁环境下对抗训练时，可在联合训练协作区的协调下，由专业电子对抗部队与相关兵种部队协作创设复杂电磁环境。

（二）　聚焦打赢完善实战化训练运行机制

一是建立对抗训练课题落实责任制。围绕对抗训练课题，要按组训职责分工到人、责任到人，包教、包训、包质量，做到教训管一体、责权利统一。各级主官要把落实对抗训练任务作为重要职责，做到主官主抓，带头参加训练、带头检查督导、带头破解难题、带头自我剖析。对于对抗训练不落实、训练走过场质量不高的，要按照相关规定追究党委和主官的责任。二是将对抗训练落实到各个训练层次之中。实战化训练必须突出对抗，采取多种对抗方式，努力实现专业分队互为对手练对抗，首长机关依托指挥信息系统进行网上对抗，战术训练课题进行实兵对抗，使对抗性训练普及到工程兵训练的各个层次之中。三是按照实战要求建立对抗训练风险评估机制。要建立健全对抗训练风险评估组织，依据安全条例等法规制度对对抗训练的各个环节进行风险评估，预测可能发生的事故隐患，明确预测预防的重点和需要注意把握的事项；要采取定性与定量相结合的方式，结合部队实际和训练进程，运用现地查看、调查了解、案例剖析、模拟训练等多种方法，对训练各个环节逐项评估，提高评估结论的精准性；要以评估结论为依据，完善对抗训练风险防范措施和应急预案。

（三）健全兵种实战化训练跟踪问效机制

一是完善对抗训练督导机制。各级主官要经常深入对抗训练一线，实行面对面检查指导，在跟班作业中跟进发现训练中存在的突出矛盾问题。二是完善考评机制。要突出考评重点，把实战最可能用到的、平时训练容易弱化的训练课目作为考评对抗训练质量效益的重点。要严格考核条件，敢于把部队置于复杂陌生环境条件下接受考核。三是完善训练奖惩机制。深化争当"爱军精武标兵"活动，对训练任务完成好的单位、人员要大力表彰，年度奖励指标70%以上用于军事训练。对训练完不成、质量不达标、训风演风考风问题突出的，严格实行对抗训练问责，通过激励和鞭策，激活部队官兵当兵打仗、带兵打仗、练兵打仗的内在动力。

第八章　积极研究工程兵对抗训练案例

一、机动保障对抗案例分析

某年秋，以某装甲师和某两栖机步师为对抗双方，在某合同战术训练基地开展了自主对抗演习，演习中首次全时空、全领域设置了复杂电磁训练环境，大量配发使用了激光交战模拟系统。

这次演习"有决心，无预案"，情况设置复杂多变，对抗气氛十分浓厚，参演双方展开了激烈的侦察与反侦察、窃听与反窃听等活动。某日午夜，装甲师侦察营派人到机步师化妆侦察时，被预先设伏的哨兵用几十支手电筒"锁定"，仓皇逃跑时鞋子跑丢了都不知道。参演双方求胜心切，把演习中"能否获胜"作为检验部队战斗力的硬指标，并与个人进步和单位荣誉紧密挂钩，在这种心态下，双方均把"吃透""用活"对抗规则作为求胜的手段，导致出现了一些打"擦边球"的现象。因此，如何运用和完善对抗规则以有效地导调演习活动，已成为影响对抗演习成功与否的关键因素。

为此，演习指挥部专门从院校、友邻部队抽调专家充当导调人员，并进行了专门培训。明确要求：第一，导调人员必须根据演习对抗规则，贴近实战进行评估；第二，各部队必须无条件服从导调的评判。某部队工化科李科长作为一名调理员，主要负责全程导调和裁决蓝军工程兵的演习行动，并实时向导演部汇报演练动态和对抗效果。

（一）对抗中的问题

1. "复活"的某型重型机械化桥

10月23日15时35分，李科长被派往蓝军师属工兵营担任调理员。该营包括筑伪连、地爆连、道路连、桥梁连、修理所；对抗时一部分兵力加强到团属工兵连，其余兵力编成运动保障队、障碍设置队、工兵预备队及本部防卫连各一个。

25日8时00分，对抗演习进入第二天。李科长负责导调"运动保障队的行动"。该队编配的某型重型机械化桥均安装了激光交战模拟系统。由于演习地域受限，全部装备难以展开，按照对抗演习规则，为体现"以少代多"，演习中如有重机桥被击中，允许其复活1次。

运动保障队队长由桥梁连连长马某担任。马连长毕业于工程兵院校，从任排长起一直在这个连队工作，非常熟悉重机桥的战术、技术性能，抓训练很有套路，憋足了劲想在演习中崭露头角。

在实施摩托化开进时，部队遭红方强电磁干扰，与上级联络中断。8时20分，通信员飞奔而来，向马队长报告："小韩村西侧白马河上的原有桥梁遭敌轰炸被毁，部队机动受阻。工化科长命令你队迅速前出，于9时30分前完成重机桥架设任务！"马队长找出地图，迅速查明运动保障队所处位置距架桥作业点约数公里。于是，他立即派侦察分队前往架桥点实施工程侦察。

8时22分，马队长又接到基本指挥所空情通报："预计红方将在10时12分至17分对小韩村地域实施无人机侦察行动。"马队长下意识地看了一下手腕上的表，心里一惊：糟了，如在10

时12分无人机侦察之前部队不能通过桥梁后迅速分散隐蔽，我方行动企图必将暴露！

8时42分，马队长率运动保障队到达架桥作业点。他根据工程侦察分队的报告，并结合多年实践经验，迅速定下行动决心，指挥道路、桥梁分队按照任务分工迅速展开作业。经过13分钟的紧张作业，岸边的坡度基本上达到了桥车的作业要求，第一辆桥车也准确地停靠在预定位置，仅仅用了10分钟，第一跨重型机械化桥墩便稳稳当当地竖立在河中！

在马队长的指挥下，第二辆桥车也徐徐倒上第一跨桥面，停到了预定位置。第二跨在液压系统作用下正在慢慢地展开之中，突然，不远处树林里响起了一片枪声，一束激光击中了展开当中的桥节，一股黄烟迅速升起！原来是架桥分队遭到了红方特种兵分队的偷袭。由于特种兵分队人员较少，迅速被蓝方警戒分队全部"消灭"，按照规则被红方导调判定出局。但是，由于其已经达到了行动目的，便退至一旁的"战斗减员区"，观看蓝方的架桥行动。

李科长看到桥节上黄烟升起，立即判定："桥梁被摧毁，架桥无效，但是依据对抗演习规则可以'复活'一次"。运动保障队随即停止了架桥作业。与此同时，李科长向导演部报告了桥梁架设及对抗情况，导演部认定裁决有效。马队长十分着急，如果不能按时完成架桥作业，部队机动受阻，聚集在路途中的车辆装备将在无人机侦察下暴露行军企图，后果不堪设想！于是，马队长迅速组织撤收被击中的第二跨桥，并且依据"可以'复活'一次"的对抗演习规则，亲自指挥在第一跨桥梁基础上继续展开架设作业。

在"战斗减员区"观看架桥作业的红方特种兵分队指挥员，马上冲了出来，向李科长大声抗议："怎么能这么架啊？应该先撤收第一跨桥节，而不是在第一跨基础上继续架设。他们违规了!"特种兵分队的其他人也纷纷嚷到："停下! 停下! 重新架……"马队长火冒三丈："我们是根据演习规则复活的，怎么就违规了!"红方特种兵分队指挥员争辩："你们那一跨都已经被判击毁了，残骸还在，怎么能继续架桥啊! 必须先撤收!"马队长也不甘示弱："规则是'复活'，要是一被击毁就重来，那就该叫'重生'了!"同时指挥作业手继续架设。红方特种兵见状纷纷冲上去阻止，现场一片混乱。李科长大喊："停止作业! 不要吵了，谁再吵判谁出局!"现场顿时安静下来，一起将目光投向李科长，等待李科长如何评判……

2. "扎根"的防坦克地雷

在对抗演习中，由于蓝方隐真示假战术奏效，导致红方将主要兵力集中在盘山一带，显然是将蓝方的前进指挥所误判为了基本指挥所，这使蓝方指挥员甚是得意。但是，担任基本指挥所安全防卫任务的工兵营章营长却承受了巨大的压力。在连部里，章营长向前来督阵的工兵科高科长诉苦："我们就这么几个人，万一被红方侦察到这里是基本指挥所，区区这点兵力和装备怎么应付啊? 我们出局事小，丢了基本指挥所，就是被'斩首'啊!"

高科长深有同感："可不是吗，记得大前年第一次对抗训练时，咱们的张师长被红方'活捉'了，最终功亏一篑!"

章营长更紧张了，说："我们这次可不能再出问题了。科长，万一红方突袭基本指挥所，你有没有确保万无一失的'妙招'?"

"有，在进出基本指挥所必经的 6 号公路上设障!"高科长说。

"怎么设障啊，"章营长苦恼地说，"按照这次演习规则，6 号公路是当地老百姓进出的主要道路，不能实施破坏作业，不能挖反坦克壕，不准在道路上填土或设置石障。"

"你可以机动布雷啊！"

章营长顾虑重重："可是机动布设的防坦克地雷，所需排雷时间很短，捣鼓一下就提走了，那能迟滞敌军多长时间啊！"

高科长意味深长地说："动动脑子嘛？公路是不能破坏，但是如果地雷'提不走'呢？"章营长心领神会，微笑而出。

9时10分，高科长接到上级命令："前方观察哨发现，红方约两个两栖装甲连正沿6号路向我基本指挥所开进，并有加强的工兵分队随伴前出，预计30分钟后到达谈山桥处。命令你部迅速出击，在谈山桥最狭窄处实施布雷行动，迟滞敌军至10时30分，以确保师基本指挥所安全转移。"高科长神色凝重，已然明白，红方已经发现我方基本指挥所的准确地点，正在实施"斩首"行动，必须迅速采取迟滞行动。于是高科长迅速召集人员部署工作："马上对6号路谈山桥段实施布雷行动，必须确保迟滞敌军50分钟以上。"他特意向章营长使了个眼色："有办法吗？这可是在保'脑袋'啊！"章营长答："有！"并瞟了一眼在旁边负责导调的李科长……

高科长、章营长迅速带领工化排实施机动设障行动。快到达指定地域时，车队忽然停了下来，章营长命令工化排排长："张排长，你部迅速前出，按照第二套方案在前方500米谈山桥段机动布设防坦克地雷场。是否明白？"张排长看看章营长，心领神会："明白。"

当李科长准备跟随工化排实地看看布设情况时，高科长对李科长说："李科长，你看地图，这是6号路吧？我们可以实施布雷吧？可以向导演部报告吧？"李科长找出地图，高科长走过来，然后对照地图一一向李科长说明情况，李科长认真看看地图说："没错。"转而向导演部报告："蓝方本部防卫连正在谈山桥处实施布设防坦克地雷行动。"

高科长说："李科长，咱们过去看看布雷情况吧？前面道路狭窄，车辆不好调头，咱们走路去。"李科长远远看去，工化排正在实施布雷行动，排长组织得力，口令清晰，战术动作规范。李科长走近查看，布雷符合相关的技术实施规范。立即向导演部报告："蓝方本部防卫连在谈山桥处实施布设防坦克地雷行动有效。"高科长和章营长听到后，脸上露出了难以察觉的笑容。

忽然，前方传来装甲车队行进的轰鸣声。高科长命令："迅速撤退，就近隐蔽。"蓝方刚刚隐蔽好，红方的坦克连就已逼近谈山桥处。红方首车发现路面上的防坦克地雷后立即停下，并请示连长："发现地雷场，请求工兵支援。"不一会，红方工化科长和障碍排除队队长来到雷场前，查看地雷布设情况后，命令："马上实施排雷行动。"红方障碍排除队迅速前出，红方导调跟随前行。李科长看到红方工兵训练有素，估计 15 分钟后红方车队便可顺利通行，但是，红方障碍排除队分解引信后，地雷却怎么也取不走。队长拧开模拟地雷仔细察看，发现地雷被长钉钉在路面上，费了九牛二虎之力才拔出一个钉子，长钉竟有 30 多公分！由于雷场纵深大，1 小时之内难以克服。红方科长立即向红方导调提出质疑，红方导调尚在犹豫不决时，红方科长已示意坦克碾压教练雷，准备迅速通过雷区。

这时，章营长从隐蔽处冲出来，一边挡在坦克前方，一边对着红方导调大喊："他们违规了，依据对抗规则，碾压反坦克教练雷属于违规行为，应判他们出局！"红方科长反驳："我们压的是分解引信后的地雷，不会爆！"说着，扬起了手上的长钉："你们把地雷钉在路上，你们才违规了！看，一个钉子就这么长！"李科长也迅速过来查看情况，发现教练雷确实被钉在路上了。应该如何评判呢，李科长陷入了沉思……

3. "长刺"的机降场

终于又"封盘"了，演练将士们总算松了一口气。封盘后，蓝方显然处于不利态势，"反斩首"形势严峻。在蓝方基本指挥所，师参谋长向工兵营章营长面授机宜："根据我方判断，明日红军很可能在小洪山附近 90 高地或 131 高地实施机降，以打乱我防御态势。障碍设置队要随时准备在 90 高地或 131 高地实施机动设障行动，尤其要重点防范红方在 90 高地实施机降。"

受领任务后，章营长反复揣摩，应该如何落实师首长的指示。依据对抗规则，"禁止设置伤害性障碍物，可以在判定的机降地域设置模拟障碍物，包括模拟混合雷场等，但必须符合战术、技术规范。"让章营长发愁的是，在限定的时间内和敌火威胁下，他们很难同时在两个地域设置模拟混合雷场，怎么办呢？章营长边走边想，忽然脚下一滑，差点摔倒。仔细一看，原来踩到了营部炊事班附近的竹竿堆上。在进驻训练基地前，司务长购买了许多竹竿给大家搭设蚊帐，因天气转凉，已经收集到炊事班堆放。忽然，章营长眼睛一亮，有办法了……

晚上吃饭时，章营长有意边吃边聊："李科长，什么是伤害性障碍物？模拟混合雷场又怎样判定敌人是否受到伤害呢？""对抗演习嘛，当然是模拟交战，不能用实装实弹，以防止出现伤亡，确保训练安全。比如，运用铁丝网布设障碍物，就是伤害性的，是不允许的。"章营长听后，似已胸有成竹。饭后，他将障碍设置队李队长留下面授机宜。

22 时，各个帐篷已熄灯，李科长拿起手电到各个帐篷查看情况。走到炊事班帐篷附近，他忽然听到障碍设置队李队长在里边催促，"快点，快点，先把灯熄了"，并隐约看见十几个人在忙着处理竹竿，大的一头削尖了，小的一头用红布包上了。李科长心生疑窦，这些人神神秘秘的在干什么？

第二天 7 时 50 分，导演宣布："各单位进入演习阵地，演练开始。"李科长由于对昨晚的疑虑念念不忘，演习中一直跟着李队长查看。突然，李队长的电台接到呼叫："07，07，01 呼叫"；"07 收到，请指示。""命令你部在 8 时 45 分前在小洪山 90 高地和 131 高地布设反机降障碍物，防止敌机降。""07 明白。"

李队长迅速向障碍设置队下达命令："张副队长带领一、二班，在 90 高地布设反机降障碍物；我带领三、四班，对 131 高地实施机动布雷。各组务必在 8 时 45 分前完成任务，而后就近隐蔽。"

李科长跟随李队长迅速到达指定地域，现地查看混合雷场布设情况。李队长指挥三、四班，运用某型火箭布雷车对 131 高地实施了模拟混合雷场布设行动。李科长看到李队长思路清晰、组织到位，班组实施人员战术意识较强、技术动作规范，而且比预计时间快了 5 分钟，按照演习规则，判定布设混合雷场有效。

8 时 50 分，红方机降分队 60 人搭乘 5 架直升机，突破蓝军的重重火力封锁，由远至近飞临 90 高地上空，准备实施机降。李科长远远看到，直升机在 90 高地上空悬停后放下舷梯，但不知因何原因，人下了一半，又返回机舱，再向 131 高地飞来。到达后，他们虽然发现模拟雷场已覆盖了 131 高地的绝大部分面积，但依然实施了机降。大部分人员机降到了雷场以内，只有 9 人机降到雷场外。地段裁评员根据演习规则，判定机降行动失败。但红方机降分队指挥员向地段裁评员提出抗议："蓝方违反规则，使用了伤害性障碍物，我们怎么敢在 90 高地实施机降？"此时，李科长的电台也忽然呼叫："李科长，我是导演部，请你迅速到 90 高地查看情况"。

李科长迅速前往 90 高地，远远望去红红的一片竹竿，每根都有 2 米多高。走近一看，恍然大悟！原来，他们用竹竿来设障，将削尖的一头插到地下，细的一头包上红布，将 90 高地全部插满了。这到底是不是伤害性障碍物，李科长一时难以下结论……

（二）分析

1. 运动保障队对抗行动的总体分析

本实例主要反映自主对抗演习中如何贴近实战正确制定和灵活运用对抗演习规则，以推进实战化训练深入发展的问题。可从三个层面分析本实例蕴含的矛盾与问题：第一，从训练指导观层面，分析本实例反映出的倾向性问题，认真查找"练为战"思想被歪曲的思想根源，怎样才能防止对抗训练中出"歪招""损招"；第二，从导调情况处置层面，分析三个事件中的矛盾焦点，并提出情况处置方案，从而正确解读与运用对抗规则与灵活处置对抗现场情况的模拟训练；第三，从完善对抗规则的层面，分析各种处置方案的利弊并评估处置效果，校正规则运用上的偏差，进而完善对抗演习规则。

2. 运动保障队对抗行动的具体分析

本实例中事件发生、发展的逻辑主线，是对抗演习中如何正确运用规则，并据此判断演习双方是否存在"违规"现象。运用本实例的立意是正确认识导调人员在联合作战背景下自主对抗演习中所处的重要地位，研究如何运用对抗规则创设实战化的训练环境，增强部队组织对抗训练的能力。为此，实例的具体分析应按以下路径展开：

首先，引导官兵运用矛盾论的观点，查找红蓝双方演习中出现打"擦边球"现象的思想根源，锻炼和提高官兵透过现象善于抓住事物深层次本质的能力。

架桥行动中如何运用"复活"规则问题的争论，在布设防坦克雷场中"扎根的地雷"的出现，防机降行动中对竹竿算不算"伤害性障碍物"的争论，都反映出这些行动是属于灵活运用规则，还是属于"歪招""损招"存在着很大的争议性，这就为实例分析预留了空间。要引导官兵运用"战训一致""练为战"等训练指导原则，深入探讨这些争论背后是否隐藏着"单位利益""个人利益"在作祟，从而导致弄虚作假的不良倾向出现。组训者应当引导受训者深挖思想根源，使受训者树立正确的训练指导观。分析中，要整体运用本实例中的三个事件，加强宏观思考与深度发掘，防止就事论事，并为下一步分析打基础。

其次，引导受训者针对每个具体事件，采用辩证思维的方法，分析蕴含着的矛盾焦点，运用发散性思维的方法，提出多种情况处置方案，通过对上述方案的论证，培养受训者围绕主题查找关键性因素的思维习惯，进而提高分析问题、解决问题的实际能力。其中：

在架桥行动中，应围绕以下两个问题展开分析：一是红方特种兵分队指挥员与马队长争执的焦点是什么？引导学员认识到，矛盾的焦点是对对抗规则的不同解读。二是如何提出现场处置方案，展开分析、比较，受训者可能会提出如下方案：①可以继续架设，原因是依据规则可以复活一次；②应当重新架设，理由是已遭特种兵分队击毁，况且架桥位置已经暴露，继续架设毫无意义。③判定蓝方架桥无效，与上级沟通，如果行动、位置已经暴露，则停止作战时间，令蓝方另选位置重新架设，检验蓝方架桥分队的技战术水平，同时作为回合讲评的依据。④根据演习情况，可以采用继续架设，但是必须增加 10 分钟时间的方法来进行。⑤查明来袭武器性质，确定毁伤程度，以便考虑从什么时间什么地点复活。如毁伤关键部位导致装备无法撤收，也有可能异地架设。

在布设防坦克雷场行动中，应围绕两个问题展开分析：一是布设防坦克雷场行动中，如何正确理解现有演习规则？受训者可能会提出：①6号公路被人为地做了很多限制，比如，不能实施破坏作业，不能挖反坦克壕，不准在道路上填土或设置石障，等等。是不是导演部已经把蓝方"逼到"死角，一定要引导学员认识到，对抗演习虽然具有实战化色彩，但与实战仍有差距，实战中可以采用任何的方式方法达成作战目的，而对抗演习会受到诸多因素的影响，必须制定出相应的演习规则。②关于地雷的"扎根"也会引起受训者的争论：这样的"扎根"应该是对装备的破坏，算不算是"出轨"？如果算，如何判定？也有的学员可能会说，不破坏装备照样可以多种方法，达到"扎根"的目的，比如粘合在地表等，对于"扎根"的合理性教员一定要把握好。③对于地雷的突然"扎根"也要辩证分析，有支持有反对，支持一方可能会从规则本身来讲，引经据典，没有哪一条"出轨"，但反对的一方也有自己的道理：都说"练为战"在实战中这样的情况会不会出现？那对抗演习如果都是循这样的"规"蹈如此的"矩"，那演习还有什么实际意义？二是面对红蓝双方的争执，如何确定处置方案？学员可能有以下分析思路：首先，认定"扎根"的地雷是妙招而非"损招"，判定红方违规，原因是此举并没有违反对抗规则。其次，认定"扎根"的地雷是损招而非"妙招"，判定蓝方违规，原因是真正的地雷岂能钉在地上，违规在先，并且红方已经把引信拆除了。

在防机降行动中，应从两个层面展开分析：一是在防机降行动中，怎样理解"伤害性障碍物"？受训者可能会提出：①按照导演部的定义，这种竹竿如果没有削尖，不会对人员造成伤害，能定义为"伤害性障碍物"？反对的一方可能会讲，如果在机降过程中，一旦机降人员失手掉下来，尖与不尖都可能使对方受伤，具有隐患。②直升机在悬停中，自身的风力是很大的，有可能使竹竿摆动，也是不安全因素。③在实战中，如果有类似的伤害性障碍物，你是降还是不降？是不是与我们进行的强化战斗精神教育相矛盾？和平时期的对抗性演习，如何处理好贴近实战与确保训练安全的关系是一个回避不了的现实矛盾。研讨中，应当引导受训者确立战斗力标准，努力克服演习中"消极保安全"的认识和做法。二是如果你是导演，如何完善机降反机降对抗规则？应尽量力求量化、细化，并且紧贴实战完善对抗规则。

最后，引导受训者从全局的角度出发考虑和分析问题，培养学员运用拓展性思维处理此类问题的全局性意识，通过对各种处置方案展开评估，提高受训者的预测能力。可将受训者研讨过程中提出的各种情况处置方案，由组训者随机归纳要点并运用板书列到黑板上，然后引导受训者对自己所提方案展开对比性分析，查找各种方案的利弊之处，并且提出进一步的补救措施。要引导受训者多角度分析评判现有规则可能存在的缺陷，进而催生出切实可行的对抗规则。

实例分析过程中，组训者要善于挖掘本案例所蕴含的实用价值，使受训者通过分析研究，获得自主对抗演习实践经验的积淀和认识上的升华。组训者应引导受训者紧密联系工程兵对抗训练的实际思考问题，通过对各种情况处置，使受训者在组织筹划自主对抗演习时，依据有关训练法规和原则的规定，不要生搬硬套，必须紧贴实战，灵活运用对抗演习规则，从而推动工程兵部队对抗训练深入发展。

二、直前破障对抗案例分析

某年7月，一场红蓝双方的自主对抗演练在某合同战术训练基地打响。演练一开始，红蓝双方就拉开了架势。在这些官兵眼中，他们面对的不仅是一场实兵对抗演练，更是关系到各自部队输赢的生死决战。但是在这场对决中，掌握这个"生杀"大权的，却并不是实战中的兵刃火器，而是战场上负责执法的两百多名裁决员。他们都是从各陆军学院战术教研室或者富有经验的一线战斗部队的教员中精心挑选、抽调出来的。红蓝实兵对抗演习，胜负结果如何裁决是对"战场判官"——导调裁决员的一个严峻考验，在战场裁决中，为保证衡量的准确度，加大对参演部队的触动力，裁决员就得像法官一样，根据三千多条严密的演练规则，对军事对抗的胜负输赢做出最终的裁决。他们该如何根据这三千多条演练规则进行裁决呢？在智慧与勇气博弈的战场环境中，要想维护红蓝双方之间的公平竞争，又会遇到怎样的艰难和不易呢？

在这次对抗演练中，S集团军工程保障调理裁决组组长、集团军工化处李处长就经历了三次尴尬的胜负裁决。

（一）对抗中的问题

1. 滩头"20米"之争

7月25日5时30分，在黎明前的薄雾笼罩下，红方部队先遣连的船艇渐渐逼近蓝方岸滩，充当先锋的三连副连长杨小军带领一排官兵悄无声息地迅速离船，扑向岸滩，迅速占领有利地形，疏散隐蔽，并指挥伴随保障的便携导弹分队前出，占领地形实施对空警戒掩护。红方第一梯队负责开辟岸滩通路的直前破障队紧随其后。

为有效阻止红军登陆，战斗前，蓝军沿海岸线密密麻麻地设置了大片障碍，一眼望不到头。红方清楚，这是攻破蓝方阵地的第一道门，如果不破除障碍，登陆部队将无法进入蓝方纵深地带发动攻击。伴随着开始破障的命令，由工程兵为主编成的直前破障队迅速行动，顶着蓝方滩头火力，冲向障碍区开始实施破障作业。由于战斗准备充分，且红方破障队员战术素质过硬、专业技能优良，随着一声声爆破声，一股股黑烟冒起，破障作业进展快速顺利。

就在此时李处长领衔的4人现场裁决组突然吹哨叫停，"红蓝双方不要动，原地卧倒等候裁决"，枪声和爆破声嘎然而止。裁决结果很快宣布："根据这次演习的规则和要求，红军亡20人，重伤4人，后退20米，重新组织进攻；蓝军亡3人，重伤2人。"任务还没完成呢，红方负责开辟通路的直前破障队一下子就被裁掉了20多人。

眼看要影响后续部队的行动，红军破障队队长急了，在裁决员宣布演习继续进行后，率先冲到后退之前的位置，亲自组织爆破作业。正组织防御作战的蓝方指挥员马上向李处长抗议："红方违规了，他们应该是从裁决后的位置重新开始爆破作业。"红方队长也不甘示弱，回敬道："规则是后退，又不是重新进行爆破作业"，一边说，一边指挥破障分队继续作业。蓝方官兵一看急了，冲到阵地上试图阻止，双方官兵一时互不相让，现场一片混乱。而此时裁决组内部意见也不统一，有人说："滩头作战是最激烈的时候，也应该是裁决员裁得最凶的时候。红蓝双方都一样，判决有效"；也有人说："应该根据交战情况，如兵力、火力的运用，指挥的情况等，决定裁掉一方多少人……"还有人说："既然裁掉红方20多人，就说明当前态势有效，而且裁决规则中确实是只有后退一定距离的要求，像当前这种情况并没有进一步的明确说明，没有说红方必须重新从原地继续组织进攻。"争吵间，李处长犯了难，一时难以决断，转眼半个小时过去了，还是没有结果……

2. 偷袭成功？被围歼？

25 日傍晚，红军工程保障群指挥所开设完毕，各项工作都顺风顺水，但是，由于地形所限，群指挥所的开设位置不是很理想。另外，下午进行指挥所构工的时候，警戒人员发现附近有小股蓝军活动，一架无人机也两次从指挥所上空飞过，这些情况使身为工程保障群群长的工兵营周营长心里不是很踏实，有点担心指挥所的安全。这不，前来督阵的红军工化科范科长刚进指挥帐篷，周营长就开始说起这个事："指挥所就这么区区几个人几杆枪，万一被蓝方侦察到，晚上来个偷袭怎么办？要是丢了指挥所，不就等于被'斩首'了吗？"

范科长一听眉头也皱了起来："你的担心很有必要，记得两年前第一次对抗训练时，咱们就把对方的总指挥给'活捉'了，导致蓝方之前的胜利成果功亏一篑，造成的影响可不小啊！"

听到范科长的话，周营长下定了决心，赶紧出门布置去了……

26 日凌晨，蓝军果然分 3 路对指挥所实施偷袭，就在蓝军为顺利靠近红方指挥所而得意时，红方警戒哨吹响了哨音，四十多名红军战士，分三个方向从外围把蓝方偷袭小分队围住，并不断缩小包围圈。原来，傍晚时候，周营长为保证指挥所夜间安全，特意从道桥连抽调了 2 个排负责指挥所的夜间防卫，并在便于进出指挥所的各条道路的重要位置设置了警戒哨、潜伏哨。巧合的是，当蓝军偷袭小分队展开行动的时候，红军一方无意中还监听到了他们之间的通话，掌握了蓝军的动向，周营长临时决定，把蓝军放进来，从外围"包饺子"。

此时，蓝方偷袭小分队面对处于绝对优势的红军防卫分队并没有知难而退，在蓝方小分队队长的带领下，从一侧发起攻击，强行突入，向红方指挥帐篷投掷烟幕弹，并张贴任务标志。在双方短兵相接的混战中，一名蓝军战士还受了伤，挂了彩。就在"战斗"正激烈的时刻，一声长哨划空响起，红蓝双方指战员立即停止了酣战，原地卧倒等待裁决。

"红军亡 10 人，蓝军全部阵亡。"

导调员刚宣读完裁决结果，蓝方指挥员就冲了过来，激动地争辩道："我方偷袭行动已获成功，红军指挥所已被我消灭，为什么红军裁得那么少，蓝军却全部阵亡？"

导调员解释道："这就是态势，战场裁决首要是看态势。阵地已经被红军全部控制了，蓝军不管是顽抗或者抵抗，都已经没有多大作用。兵力已经达到几十比一的地步，一般攻防三比一就有优势，打到几十比一肯定更优。所以只好把你们蓝军裁掉，全部阵亡，没错嘛。"

蓝方指挥员不服，他说："我们这支小分队，个个都是精兵强将，战斗中完全能做到以一抵十，怎么能仅凭兵力多少来裁决胜负呢？况且我们已经在红军指挥所处张贴了任务标志，向指挥帐篷投掷了"手榴弹"，已经消灭了红军指挥所，那就说明是我们掌握了主动。"

红军这边一听不干了，插进来反驳道："什么你们掌握了主动，你们的人刚一冲上来就被我们发现并包围了，我们指挥帐篷里根本就没有人。"

蓝军一战士脸涨得红红的，冲着红军指挥员就喊："你们当时那个地方根本没有人，有人我们怎么可能跑过来？明明是我们先到你们随后才上来的。"

红军指战员这下炸锅了，都围了过来，一时七嘴八舌，争论不休，双方官兵在战斗精神的鼓励下，再一次纠结在一起。

眼看一场真实的"战斗"就要发生在眼前，现场负责导调裁决工作的李处长面临着不小的考验……

3."三角锥"该发挥作用吗？

26 日 15 时 30 分，蓝方工化科王科长接到上级命令："前方观察哨发现，红方 7 辆坦克正沿 3 号路向我纵深开进，并有加强的工兵分队伴随前出，预计 30 分钟后到达下深山处。为阻滞红方发展进攻，命令你部迅速出击，在下深山最狭窄处实施设障行动，迟滞敌军至 16 时 20 分，以确保我部完成围剿部署。"

王科长神色凝重，因为此时蓝军的西区方向正在对红方实施围剿战。蓝方企图由西向东将红方部队围剿歼灭，各个击破。这就需要时间，蓝方一连的任务便是坚守下深山，为西区歼敌争取时间，所以必须迅速采取迟滞行动。

王科长迅速召集人员部署战斗："马上对 3 号路下深山路段实施设障行动，必须确保迟滞敌军 50 分钟以上。"

工兵营廖营长着急了："这么短的时间，怎么可能进行大面积的设障呢，而且这次演习有规定，3 号公路是当地老百姓进出的主要道路，不能实施破坏作业，不能挖反坦克壕，不准在道路上填土或设置石障。机动布设的防坦克地雷目标暴露，人工很容易排除，只要拆掉引信就可以，那才能迟滞敌军多长时间啊!"廖营长苦恼地直挠头。

王科长笑笑说："你就不会想点办法？公路是不能破坏，但是除了反坦克地雷，我们不是还有防坦克三角锥吗？这个时候应该派上用场了嘛。"廖营长如梦方醒，疾步出门安排去了……

14 时 40 分，王科长、廖营长带领工兵分队开始实施机动设障行动。快到达指定地域时，廖营长命令车队停下，开始下达指示："筑城连高排长，你部迅速前出，按照 3 号方案在前方 500 米下深山处机动布设反坦克'三角锥'，地爆连王排长，待三角锥设置好后，按照 3 号方案，迅速对下深山处道路及道路两侧实施火箭布雷，布设反坦克地雷场，明不明白?"两位排长应声而去，按计划布置去了。

15时00分裁决组组长、集团军工化处李处长在王科长的陪同下，到达下深山处，一眼看去，前方道路及道路两侧布满了反坦克地雷和防坦克三角锥，从布设范围和密度来看，符合战技术要求。

就在此时，前方突然传来装甲车队行进的轰鸣声。王科长下令："迅速撤退，就近隐蔽。"蓝方刚刚隐蔽好，红方的坦克分队就已逼近下深山处。红方先头坦克首先发现路面上的混合障碍场，并立即停下，不一会儿，有几个指挥员模样的人来到障碍场前，在那指指点点，十几分钟后，上来一队工兵，开始人工排除机动设置的反坦克地雷，很快，大面积的地雷障碍物就清除的差不多了。有人已经开始准备爆破器材，准备破除三角锥，开辟通路，突然，他们好像发现了什么，停止了爆破作业的准备工作，不一会，红军分队指挥员来到三角锥障碍区，围着三角锥转来转去。接着就指挥工兵分队开始动手"搬除"三角锥障碍。

看到红方训练有素的工兵手脚麻利地拆除三角锥，那速度之快估计15分钟后红方车队便可顺利通行。李处长有点想不明白，明明布设有序的三角锥障碍怎么那么容易就给破除了？而此刻，隐藏在路边草丛中的蓝方廖营长沉不住气了，他从隐蔽处冲了出来，一边挡在红方破障工兵的前方，一边对着现场裁决员大喊："他们违规了，依据对抗规则，三角锥应用爆破法进行排除，应判他们后退500米，重新组织三角锥破除作业！"

红方范科长反驳道："你们布设的三角锥都是钢筋焊接骨架，外蒙灰布的'假货'，我们当然可以搬除，反正不构成威胁！"

蓝方王科长提出抗议，他说："三角锥虽然是假的，但是它发挥的是真三角锥的障碍作用，你们就应该逐一进行爆破排除，而不是手动搬除。"

范科长却反问道："15 分钟之前这个地方还没有三角锥，如果是真的钢筋水泥三角锥，你们有可能在这么短的时间内构设面积这么大的防坦克障碍吗？显然不可能，因此障碍作用不成立。"

红蓝双方说的似乎都有道理，应该如何评判呢？李处长一时给难住了……

（二）分析

1. 破障队对抗行动总体分析

本实例主要研究自主对抗演习中如何贴近实战正确制定和灵活运用对抗演习规则，以推进实战化训练深入发展的问题。要引导学员从三个层面分析本案例蕴含的矛盾与问题：第一，从训练指导观层面，分析本案例反映出的只想对抗怎样获胜，没考虑实战能否赢，为争取对抗名次而挖空心思接近导调人员，刺探信息的现象，认真查找"练为战"思想被歪曲的思想根源，怎样才能防止对抗训练中打擦边球；第二，从导调情况处置层面，分析三个事件中的矛盾焦点，并提出情况处置方案，使学员受到正确解读与运用对抗规则和灵活处置对抗现场情况的模拟训练；第三，从完善对抗规则的层面，分析各种处置方案的利弊并评估处置效果，校正规则运用上的偏差，进而完善对抗演习规则。

2. 破障队对抗行动具体分析

本实例中事件发生、发展的逻辑主线，是对抗演习中如何正确理解、把握和运用规则，并据此判断演习双方是否存在"违规"现象。编写本案例的立意是正确认识导调人员在联合作战背景下自主对抗演习中所处的重要地位，研究如何运用对抗规则创设实战化的训练环境，使受训者学到组织对抗训练承担导裁角色的能力。为此，案例分析应按以下路径展开：

首先，引导受训者运用矛盾论的观点，查找红蓝双方演习中出现打"擦边球"现象的思想根源，锻炼和提高受训者透过现象善于抓住事物深层次本质的能力。

在滩头破障行动中如何运用"后退20米"的规则问题的争论，在夜袭指挥所行动中如何把握"偷袭行动"成功与否的原则问题，设障行动中对模拟"三角锥"算不算障碍物的争论，都反映出这些行动是属于灵活运用规则，还是属于曲解、滥用规则，存在着很大的争议性，这就为案例分析预留了空间。要引导受训者运用"战训一致""练为战"等训练指导原则，深入探讨这些争论背后是否隐藏着"单位利益""个人利益"在作祟，从而导致弄虚作假的不良倾向出现。组训者应当引导受训者深挖思想根源，使受训者树立正确的训练指导观。分析中，要整体运用本案例中的三个事件，加强宏观思考与深度发掘，防止就事论事，并为下一步分析打基础。

其次，引导受训者针对每个具体事件，采用辩证思维的方法，分析蕴含着的矛盾焦点，运用发散性思维的方法，提出多种情况处置方案，通过对上述方案的论证，培养受训者围绕主题查找关键性因素的思维习惯，进而提高分析问题、解决问题的实际能力。其中：

在滩头破障行动中，应围绕以下两个问题展开分析：一是红方队长与蓝方指挥员争执的焦点是什么？引导受训者认识到，矛盾的焦点是对对抗规则的不同解读。二是如何提出现场处置方案，展开分析、比较，受训者可能会提出如下方案：①可以在当前位置继续实施破障作业，原因是依据规则只后退20米，未明确破障是否有效；②后退20米，在滩头重新组织破障，理由是规则虽未明确是否要重新破障，但即已判定退后20米，就应从滩头重新破障，否则判定后退20米毫无意义。③判定红方破障作业无效，与上级沟通，如果行动、位置已经暴露，则停止作战时间，令红方另选通路破障位置重新作业，检验红方先遣登陆分队的技战术水平，同时作为回合讲评的依据。④根据演习情况，可以采用继续破障，但是必须增加红方 10~20 分钟耗时的方法来进行。

在夜袭指挥所行动中，应从两个层面展开分析：一是在行动中，怎样理解"偷袭成功"？受训者可能会提出：①按照导演部的定义，只要在敌方指挥所张贴明显标志，有一定的模拟动作就能定义为"偷袭行动成功"，反对的一方可能会讲，偷袭行动中，一旦遇袭一方事先发现并掌握敌方行动，并有针对性部署，形成人员和装备等方面的态势优势，就应判反偷袭成功。②在实战中，如果被敌发现，你是继续行动还是撤出战斗？是不是与强化战斗精神教育相矛盾？和平时期的对抗性演习，如何处理好贴近实战与确保训练安全的关系，是一个回避不了的现实矛盾。研讨中，应当引导受训者确立战斗力标准，努力克服演习中"消极保安全"的认识和做法。二是如果你是导演，如何完善偷袭与反偷袭对抗规则？应尽量力求量化、细化，并且紧贴实战完善对抗规则。

在布设三角锥障碍场行动中，应围绕两个问题展开分析：一是布设混合障碍场行动中，如何正确理解现有演习规则？受训者可能会提出：①3 号公路被人为地做了很多限制，比如，不能实施破坏作业，不能挖反坦克壕，不准在道路上填土或设置石障，等等。是不是导演部已经把蓝方"逼到"死角，我们一定要引导受训者认识到，对抗演习虽然具有实战化色彩，但与实战仍有差距，实战中可以采用任何的方式方法达成作战目的，而对抗演习会受到诸多因素的影响，必须制定出相应的演习规则。②关于山寨版的"三角锥"也会引起受训者的争论：这样的"三角锥"算不算实际障碍？如果算，如何判定其障碍效能？③对于山寨版的"三角锥"也要辩证分析，有支持有反对，支持一方可能会从规则本身来讲，引经据典，没有哪一条违规，但反对的一方也有自己的道理：在实战中这样的情况会不会出现？那对抗演习如果都是"循"这样的"规"、"蹈"如此的"矩"，那演习还有什么实际意义？二是面对红蓝双方的争执，如何确定处置方案？受训者可能有以下分析思路：首先，认定山寨版"三角锥"是妙招而非钻空子，判定红方违规，原因是此举并没有违反对抗规则。其次，认定山寨版"三角锥"是违规而非"妙招"，判定蓝方违规。原因是假"三角锥"根本发挥不了障碍作用。

最后，引导受训者从全局的角度出发考虑和分析问题，培养受训者运用拓展性思维处理此类问题的全局性意识，通过对各种处置方案展开评估，提高受训者的预测能力。可将受训者研讨过程中提出的各种情况处置方案，由组训者随机归纳要点并运用板书列到黑板上，然后引导受训者对自己所提方案展开对比性分析，查找各种方案的利弊之处，并且提出进一步的补救措施。要引导受训者多角度分析评判现有规则可能存在的缺陷，进而催生出切实可行的对抗规则。

实例分析过程中，组训者要善于挖掘本案例所蕴含的实用价值，使学员通过分析研究，获得自主对抗演习实践经验的积淀和认识上的升华，为促使工程兵对抗训练尽快走出低谷提供有益的启示。当前，工程兵部队的对抗训练尚未有效开展起来，组训者应引导学员紧密联系工程兵对抗训练的实际思考问题，通过对各种情况处置，使学员在组织筹划自主对抗演习时，依据有关训练法规和原则的规定，不要生搬硬套，必须紧贴实战，灵活运用对抗演习规则，从而推动工程兵部队对抗训练深入发展。

参 考 文 献

［1］ 克劳塞维茨 . 战争论 ［M］. 中国人民解放军军事科学院，译 . 北京：解放军出版社，1986.

［2］ 吴铨叙 . 军事训练学 ［M］. 北京：军事科学出版社，2003.

［3］ 吴铨叙 . 跨越世纪的变革 ［M］. 北京：军事科学出版社，2005.

［4］ 柴宇球 . 转型中的军事教育与训练 ［M］. 北京：解放军出版社，2004.

［5］ 徐根初 . 联合训练学 ［M］. 北京：军事科学出版社，2006.

［6］ 王东生、黄培义 . 战术的哲学基础 ［M］. 北京：解放军出版社，2008.

［7］ 张英辰、马令行 . 对抗战术演习 ［M］. 北京：军事科学出版社，1999.

［8］ 任海泉 . 一体化联合作战指挥研究 ［M］. 北京：国防大学出版社，2006.

［9］ 张晖 . 军事训练转变100问 ［M］. 北京：国防大学出版社，2008.

［10］ 张爱华 . 军事训练学教程 ［M］. 北京：解放军出版社，2004.

［11］ 孔烽、冯南宁 . 工程兵军事训练概论 ［M］. 北京：解放军出版社，1994.

［12］ 彭贵山、邵长发 . 工程兵战术学教程 ［M］. 北京：解放军出版社，1999.

［13］ 李辉光 . 外国军事演习概览 ［M］. 北京：军事科学出版社，2004.